KB078586

상하이

놀라운 번영을 이끄는 중국의 심장

차례

Contents

상하이의 빛깔을 찾아서

중국의 수도 베이징이 정치의 중심이자, 가장 역사적이고 남성적인 북방의 도시라고 한다면, 상하이는 경제의 중심으로서 강남의 풍치와 함께 여성스런 남방의 도시라는 느낌을 준다.

창장(長江) 하구에 위치하고 있는 상하이의 면적은 6,340㎢로 서울의 10.5배이며 상주인구는 1,858만 명으로 서울의 1.8배에 달한다. 상하이는 지난 16년 연속 중국 전체 GDP 성장률을 훨씬 웃도는 '두 자릿수' 성장률을 기록하고 있으며, 2007년 1인당 GDP는 8,500달러를 넘어서면서 중국 전체 평균의 3.5배에 달한다. '천지개벽'으로 비유되는 푸둥(浦東) 개발, 양산항 건설, 2010년 세계 엑스포 개최…… 이렇게 상하이는 멈출 줄 모르는 성장을 계속하고 있다.

사실 천년의 도읍지인 베이징과 비교해보면, 상하이는 경제적인 위상을 빼놓고는 역사적으로나 문화적으로나 내세울 만한 것이 거의 없다. 불과 800여 년이라는 짧은 역사의 상하이. 그러나 그 짧은 역사 동안 상하이는 태평양 앞바다를 건너온 각종 문화를 받아들이고 혼합하는 거대한 용광로로 변했다.

베이징이 21세기 세계를 향해 웅비하는 중국의 수도라면, 반세기 전만해도 '동방의 파리'라는 이름으로 불렸던 상하이는 '현대 중국을 이해하는 열쇠'로 비유되기도 한다.

> "상하이는 백여 년간 발전을 보여주는 현대 중국의 축소판이다. 19세기 치외법권, 군함 외교, 외국 조계지, 침략의 역사에서 교훈을 받아들이면서, 상하이는 어느 도시보다도 이성적이고, 법규를 중시하고, 과학적이고, 공업이 발달되었으며, 효율성이 높다. 이와 동시에 전통 관습을 그대로 따르고, 직관적이며, 인문주의적이고, 농업 위주의 산업구조를 갖고 있으며, 효율이 낮고, 폐쇄된 중국의 문화도 그대로 가지고 있다. 이렇게 이질적인 두개의 문화가 결합되는 과정에서, 중국의 반응이 가장 먼저 일어난 곳이 상하이이다. 바로 이곳에서 현대 중국의 모습이 탄생됐다."
>
> 로즈 머피, 『상하이-현대 중국의 열쇠』,
> 인민출판사, 1986.

중국 경제의 중심에서 이제는 세계 경제의 중심으로 우뚝 솟아가며 거대한 위용을 떨치고 있는 상하이가 갖고 있는 별칭은 수도 없이 많다. 중국 경제의 성장 엔진이나 개혁개방의 선봉대라고 불리기도 하며, '마력의 도시(魔都)', '천개의 얼굴을 가진 여인(千面女郎)'의 이름으로 묘사되기도 한다. 또한 중국에서 가장 사치스러운 도시로, 또 가장 우아한 도시로도 표현된다.

이렇게 각기 다른 별칭은 상하이가 겪었던 독특한 역사와 문화를 상징하고 있다. 상하이는 역사적인 중국 대도시가 갖고 있었던 것과는 판이한 역사를 겪어 왔다. 중국의 고도古都가 가지고 있는 유구한 역사도 없었으며, 지리적 위치도 중국 대륙 끝자락 창장 하구에 붙어있는 그저 알려지지 않는 변두리 어촌이었다. 또한 다른 대도시는 모두 정부와 정책결정자의 계획에 따라 조성되었다면, 상하이는 외세에 의해 강제 개항되면서 경제와 문화의 발전도 피동적으로 이뤄졌다.

치욕스런 역사 속에서 새롭게 탄생된 중국의 현대화된 도시 상하이에는 번영과 고통, 영광과 굴욕의 역사가 교차하고 있다. 상하이의 영광을 나타내는 씨실이 있다면, 그것과 촘촘히 연결된 굴욕이라는 날실이 있다. 이렇게 극과 극이 만나 새로운 빛깔을 만들어낸 도시, 상하이는 그렇게 천 가지 빛깔과 천 가지 얼굴을 가지고 세계와 만나고 있다.

상하이는 역사적으로 우리나라와 인연이 매우 깊은 곳이다. 우리나라 독립투사들이 대한민국 임시정부를 수립하여 활동

했으며, 윤봉길 의사가 독립을 외치며 거사한 곳이기도 하다. 지금도 많은 우리 기업들이 새롭게 부상하는 중국 시장을 향해 진군하고 있는 요충지이다. 이렇게 상하이와 호흡하는 한국인이 이어져 왔으며, 지금도 그 삶의 울림이 전해지는 곳이다.

중국의 이중텐 교수는 '도시는 펼쳐진 책이며, 그 책을 어떻게 읽느냐는 각자가 선택하는 것'이라고 말한 바 있다. 결국 도시란 책과 마찬가지로 그 곳을 읽어내려 가는 것, 그곳의 사람들과 그들의 삶의 빛깔을 읽어내는 것이다. 이 책을 통해, 상하이를 읽어 내려가는 독자들의 눈빛에 상하이의 천 가지 빛깔과 그 빛깔을 만들어낸 그곳 사람들의 삶의 이야기가 전해지기를 바란다.

중국을 읽는 열쇠, 상하이 - 그 역사 속으로

상하이를 여행하기에 가장 좋은 시기는 언제쯤일까? 상하이에 오래 산 사람들은 아마도 서슴없이 5월을 추천하지 않을까 싶다. 한겨울에도 영상의 기온이긴 하지만 뼛속까지 파고드는 습한 추위, 길고 긴 여름의 사우나 더위, 상하이 대게요리를 빼놓고는 가을의 정취가 느껴지지 않는 가을. 그렇기에 옷깃을 가볍게 스치는 바람을 느끼며 자유롭게 야외생활을 할 수 있는 5월은 가장 여행하기 좋은 시간일 것이다. 그래서인지 5월 노동절 연휴가 되면 와이탄(外灘) 관광지에는 중국 각지에서 모여든 관광객들이 거리를 가득 메운다. 와이탄의 고풍스런 건물을 유심히 관찰하며 그곳에 얽힌 역사를 읽어내려는 관광객들…… 황푸장(黃浦江) 건너편에 마치 우주선 같은

상하이의 발전을 상징하는 와이탄의 모습

모양을 하고 있는 동팡밍주(東方明珠)를 배경으로 사진을 찍는 관광객들…… 상하이 시내 중심부를 남북으로 관통하는 황푸장은 오랜 시간 상하이의 역사를 가슴에 휘감아 흘러간다. 알려지지 않았던 작은 어촌의 역사에서부터 휘황찬란했던 1930년대 근대의 번영의 역사 그리고 21세기 경제의 수도로 발돋움하는 오늘날의 상하이까지, 굽이굽이 감아 도는 황푸장은 잔잔히 흐르지만, 황토빛 강물에 담긴 상하이의 역사는 그리 잔잔하지만은 않았으리라. 이것은 상하이의 숙명적인 지정학적 위치와 떼려야 뗄 수 없다. 창장 끝자락과 태평양 바다가 교차하는 지역, 중국 대륙 18,000km의 해안선 정중앙에 위치하고 있는 상하이는 태생적으로 중국이 밖으로 나아가는 출구이자, 외국이 중국으로 들어오는 입구이기도 하다. 이렇게 상하이는 동서양 문화의 충돌과 교류 그리고 융합이 이뤄지는 교차로가 된다.

작은 어촌을 의미하는 '신'과 '호'

상하이의 역사는 '수운'과 '개방'이라는 키워드와 연결되어 있다. 중국에서는 도시별 약칭을 많이 사용하는데, 베이징의 약칭은 경京이고, 톈진은 진津이라고 불린다. 상하이의 약칭은 '신申'과 '호滬'인데, 여기에서도 상하이의 키워드를 엿볼 수 있다. 호滬의 한자에서 보이듯이 역시 물수변[氵(水)]의 부수가 붙어있다.

역대의 문헌에 따르면, 상하이는 춘추시대에 오나라의 동쪽 변경지대였으며, 전국시대에는 초나라에 속했다. 초나라 춘신군春申君 황헐黃歇이 상하이를 봉토로 하사받게 되면서 당시 상하이를 관통하는 황푸장(黃浦江)도 춘신강春申江으로 불리게 되었으며, 후대에 춘신군을 기념하기 위해 상하이를 '신申'으로 부르게 되었다. 상하이의 또 다른 약칭인 호滬는 어디서 유래한 것일까? 전해 오는 말에 따르면, 4~5세기경 진나라 때, 쑹장[松江, 현재의 쑤저우허(苏州河)]과 해변가 일대 주민 대부분이 고기잡이 어부였는데, 이들이 갯벌에 죽통으로 고기 낚는 통발을 만들었는데 이를 '호扈'라고 했다. 당시 창장이 바다로 유입되는 곳을 '독渎'이라고 했는데, 이때부터 쑹장 하구일대를 '호독扈渎'으로 불리던 것이 나중에 '호扈'를 '호滬'로 부르면서, 상하이의 또 다른 약칭이 되었다. 이는 당시 상하이가 작은 어촌이었음을 다시 한 번 짐작케 한다.

북방 지역이 봉건왕조의 눈부신 역사를 세워가고 있을 때 당시 상하이의 대부분 지역은 육지가 형성되지 않은 바다였다. 당 천보天寶 10년(751)에야 화팅현(華亭縣)이 설치되면서 처음으로 행정구역에 편입된다. 당시 쑹장(松江)의 동북에 있는 칭룽전(青龍鎮)은 중요한 무역 항구였다. 후에 하구의 갯벌에 막혀 통항하기가 어려워지자 상하이포(上海浦)가 이를 대신하면서, 상하이진(上海鎮)이 형성된다. 상하이진은 상하이 역사상 최초의 개방 항구의 역할을 하면서 '바다(海)로 나아간다(上)'는 '상하이'라는 이름을 공식적으로 사용하게 된다. 남송시대 1267년에 상하이진에 진장鎮將을 파견하고 관공서, 학교, 사찰, 상점 등이 들어서면서 선박과 상인들이 운집하는 작은 어촌의 모습을 갖추게 된다.

상하이의 시초인 상하이현

베이징이 원나라 도읍이 된 14년인 1291년에 상하이현이 정식으로 설치되었다. 이 시기는 상하이가 도시 모습을 갖춰가는 시초로 볼 수 있다. 당시 상하이현(上海縣)은 현재의 상하이 시내, 칭푸(青浦), 난휘이(南彙), 촨사(川沙), 쓰셴(四縣), 쑹장(松江)을 관할하게 된다. 명나라 말, 청나라 초기에 상하이현은 10여 개의 작은 골목으로 구성된 '손바닥만 한' 작은 읍에 불과했다. 당시 경제가 번영하면서, '작은 쑤저우(小蘇州)'라는 별칭을 얻기도 했는데, 이는 당시만 해도 쑤저우가 훨씬 발전된 곳이어서, 쑤저우 방언을 하는 것을 자랑거리로 여겼기 때문이다. 1840년대 상하이가 개항하기 전까지, 창장 삼각주 주위의 항저우(杭州), 쑤저우 등 주요 도시가 유구한 역사와 문화가 있었던 데 반해 상하이는 눈길조차 끌지 못하는 작은 어촌에 불과했다. 원대에 상하이현이 설립된 후 260여 년간 상하이에는 성곽이 구축되지 않았는데, 이는 중국 대부분의 고대 도시와는 상이한 모습이었다. 명대에 여러 차례 왜구의 침략을 받자, 명나라 1553년에 성곽을 구축하게 되는데, 베이징을 비롯한 대도시가 정방형 모양을 갖춘 것과 달리 상하이는 원형의 모습을 띠게 된다. 이는 상하이 문화가 성벽으로 경계를 나누지 않고 밖으로 열려 있는 개방성을 보여주는 상징적인 의미로 볼 수 있다.

통상항구로의 발전

명대 200여 년 동안 해금海禁정책이 실시되다가, 청나라 1684년에 해금정책이 해제되고 해상무역을 하게 되면서 상하이에 강해관江海關이 설립된다. 이때부터 상하이는 활기를 띠며 발전하게 된다. 그러나 상하이항은 여전히 광저우, 샤먼, 닝보 등에 뒤처져 있었으며, 1753년 상하이 해관의 세수는 광저우의 15%에 불과했다. 1757년 청나라가 다시 해금정책을 실시하며, 문을 꽉꽉 걸어 잠갔다가, 가도연간에 이르러 해상문이 다시 열리면서, 모래 운송업이 성황했다. 이때부터 상하이는 중국 대내외 무역의 중요한 요충지이자 통상항구로 발전

한다.

1842년 난징조약 체결과 개항

1832년 6월 20일 새벽, 영국 동인도회사 광저우 분행의 상선이 우쑹(吳淞)항구에 도착하면서, 역사적으로 상하이에 정박한 유럽 최초의 상선이 된다. 영국 직원은 상하이 도대(上海道臺)에게 상하이 최초 통상선언을 보내게 되면서 서방제국주의 상선과 포성이 중국의 문을 뚫게 된다. 아편전쟁에서 패배한 중국은 1842년 8월 29일 난징조약을 체결하고, 광저우(廣州), 샤먼(厦門), 푸저우(福州), 닝보(寧波), 상하이 5대 통상항구를 대외개방하게 된다. 1843년 11월 7일 상하이항이 정식 개항하면서 외세에 대한 굴욕, 경제의 번영이라는 혼란기의 역사를 써내려가면서 점차 오늘날의 상하이의 모습을 갖추게 된다.

19세기 중엽 중국의 대외무역 3대 상품은 찻잎, 실크, 아편이었다. 대외무역을 통해 자본을 축적했던 상하이는 다른 어느 항구보다 유리한 입지를 점하고 있었다. 많은 인구를 보유한 창장 유역은 중국의 중심지역과 긴밀히 연결되어 있었고, 게다가 창장 하류지역은 중국의 주요 실크 산지였고, 구릉 지역은 우량 품종의 찻잎 생산지였다. 상하이항을 통해 대규모 대외무역을 하게 되면서, 창장 삼각주에서 역사적으로 가장 번화했던 도시 항저우, 쑤저우, 난징의 전통적인 우위는 점차 빛을 바라게 된다. 쑤저우는 내륙 운하 항구로 경제·금융 중심과는 거리가 멀었으며, 항저우는 치엔장(錢江)의 좁은 물길로 통상선 운행이 어려웠다. 난징은 해안에서 300km나 떨어져 있고, 강 하구 모래축적 등 물류 운송이 어려웠다. 역사적으로 명성을 떨치던 쑤저우, 항저우, 난징을 제치고, 상하이는 유리한 천혜의 독점적인 지위를 점하게 된다.

중국 '대외무역의 심장'이 되다

1846년 상하이가 개항하고 3년이 지났을 때, 중국 수출입무역의 16%가 상하이를 통해 이뤄지게 된다. 이어 1861년 상하이의 수출 비중은 전국 수출액의 50%를 차지하게 되면서 경쟁상대인 광저우를 앞지르게 된다. 1870년 중국에서 가장 먼저 개방한 통상항구 광저우는 결국 상하이에 초라하게 참패하게 된다. 당시 상하이는 대외무역총액의 63%를 점한 데 반해, 광저우는 13%에 그친다. 광저우가 독점적인 대외무역항구로서의 입지를 잃으면서, 대외무역의 중심은 자연스럽게 창장 유역으로 옮겨오게 되고, 홍콩도 그 우위를 점차 상실하게 된다. 상하이의 이런 독보적인 지위는 개혁개방 이후 1986년 광둥의 무역액이 상하이를 초월하며 1위를 재탈환할 때까지 무려 120여 년을 이어가게 된다. "상하이는 중국 대외무역의 심장이며, 다른 항구는 혈관에 불과하다."라는 말이 있을 정도로 상하이는 줄곧 중국 대외무역 총액의 절반 이상을 감당하게 된다.

태평천국의 난 이후, 강남의 경제는 빠르게 회복되고 장기간 안정적인 성장기에 들어가게 된다. 북방의 의화단 봉기로 많은 문인과 상인들이 남하하자 그들의 자본을 흡수하여 각종 공장을 설립하고 사람, 자본, 상품이 넘쳐나게 된다. 상하이의 조계지(租界地 : 19세기 후반에 영국, 미국, 일본 등 8개국이 중국을 침략하는 근거지로 삼았던, 개항 도시의 외국인 거주지. 외국이 경찰권과 행정권을 행사하였다) 인구는 1855년 몇 만 명에 불과했으나 1865년 13만 명을 훌쩍 넘어서게 된다. 1855년부터 1865년까지 상하이에 유입된 난민은 무려 50만 명에 달한다는 기록이 있다. 청일전쟁 이후 상하이는 상업의 번영 시기를 맞이한다. 당시 외국 상인이 대규모 공장을 설립하고, 중국 내 민족자본주의의 발전으로 금융, 기계, 교통, 우편, 통신 등 각 분야가 빠르게 발전하면서 상하이는 중국 경제의 중심으로 부상하게 된다. 19세기 말, 20세기 초 상하이는 발전을 거듭하며 몇 십 년간 '동방의 파리'로 군림하게 된다.

'중국인과 개는 출입금지'

개항 후 서방 열강이 상하이를 점령하다시피한 후, 중국인은 조계지에 출입할 수 없었다. 1868년 영국 영사관 앞에 생긴 공원(지금의 황푸 공원) 입구에는 '중국인과 개는 출입금지(華人與狗不准入內)'라는 푯말이 붙어 있었다고 한다. 실제 푯말에는 이렇게 쓰여 있지는 않았지만 마찬가지로 모욕적인 내용이었다. 이 푯말은 1916년에 반포된 공고의 5개 조항과 관련된 것으로, 제2조에는 '개와 자전거 입장 불가' 그리고 바로 그 다음 제3조에는 '중국인 입장 불가. 단, 백인을 모시는 중국 하인 제외', 제5조에는 '인도인(복장이 우수한자 제외)과 일본인 입장 불가(양복 착용자 제외)'라는 말이 함께 적혀 있었다. 이 푯말은 민족주의 운동의 촉발제가 되었고, 1928년 장제스(蔣介石)가 상하이를 정복할 때까지 이 제한은 계속되었다고 한다. 개항은 경제 번영의 계기가 되었지만, 동시에 서구의 침략에 잠식당하는 굴욕적인 시기의 단상을 보여준다.

역사의 소용돌이 속, 최대의 번영을 누리다

1927년 7월 상하이가 특별시로 지정되면서, 진정한 의미로서의 도시로 재탄생하게 된다. 이는 기존의 현급, 성급 자치와는 다른 차원의 도시 규모를 형성하게 된다는 것을 의미한다. 또한 당대의 화팅현, 원대의 상하이현 이후, 상하이가 행정구역에 있어서 중요한 의미를 갖는 세 번째 이정표가 된다.

이 시기 상하이는 경제적 발전과 더불어 문화도 점차 그 모습을 갖추게 된다. 1846년 영국인이 와이탄 서쪽의 토지를 점령한 후 영국 조계지를 세우면서 20여 년간 상하이는 중국 역사상 유례를 찾아보기 힘든 조계지 제도를 경험하게 된다. 오늘날의 황푸취(黃浦區), 징안취(静安區), 홍커우취(虹口區), 양푸취(杨浦區)는 공동 조계지였고, 창닝취(長寧區)는 상하이 공동 조계지 밖에 위치하고 있었다. 루완취(盧卢區)와 쉬후이취(徐彙區)는 프랑스 조계지였으며, 자베이취(閘北區)와 난휘취(南彙區)는 중국이 관리하던 지역이었다.

그렇다면 당시 상하이 이외의 지역은 어떤 상황이었을까? 1840년대부터 시작된 근대화 과정에서 여기저기 크고 작은 활화산이 폭발하게 된다. 남에서 북으로 이어지는 군사정벌은 청나라 말 최후의 혼란기로서 황제 제도가 붕괴되면서, 38년간 군벌전쟁과 민족전쟁 그리고 국내전쟁이 끊이지 않는 혼란 정국이 이어진다. 이와 같은 상황에서, 외세의 강압에 의한 굴욕적인 조계지 제도는 오히려 상하이가 국내 역사의 소용돌이에 휩쓸리지 않도록 막아주는 방패막이가 되기도 했다. 중국과 외국이 공동 관리하는 조계지 제도, 다양한 문화가 혼합된 도시 상하이는 독립적인 입지를 확보하며, 대외무역의 풍요로움을 향유하며 번영의 시기를 맞이하게 된다. 이렇게 중국 역사의 소용돌이 속에서도 상하이는 최대의 번영기를 맞이하게 된다.

문화대혁명 이후 쇠락의 길로

국제도시로서 명성을 드높이던 상하이는 1949년 건국을 기점으로 완전히 상반된 상황에 처하게 된다. 그동안 최고의 번성기를 누렸던 상하이는 점차 쇠락의 길을 걷게 되고, 문화대혁명 시기를 거치면서 상하이는 변두리의 폐쇄적인 공업기지로 전락하게 된다. 1966년부터 1976년까지 '잃어버린 10년'으로 불리는 문화대혁명 시기에 상하이에도 살벌한 피비린내 나는 혁명의 바람이 불기 시작한다. 식민지 지배의 상징이었던 조계지는 '부르주아의 오염물'로 불리면서, 각종 불온한 의미와 동의어로 비치기 시작했다. 상하이는 혁명 대상인 부르주아 계층을 없애는 '계급투쟁의 전투장'이 된다. 그런데 놀라운 사실은 계속된 사상개조와 정치운동을 통해, 상하이는 '혁명을 해야 할 대상'에서 새로운 제도하에 새로운 법을 가장 잘 준수하는 '계획경제의 선봉대'로 변모했다는 점이다. 이뿐 아니라, 좌파 문화의 사령부로 거듭나면서, 상하이는 문화대혁명의 발원지가 되는 아이러니한 상황이 연출된다. 이것 역시 상하이의 실용주의를 단적으로 보여주는 예이다. 자본주의의 상징이었던 상하이는 '무산계급 문화대혁명'의 발원지로 환골탈태하며, 부르주아 사령부는 예상 밖으로 베이징으로 옮겨가게 된다.

1977년 역사의 전환기에서 상하이는 1976년에 일어난 제1차 천안문 사태를 재조명한 연극과 문화대혁명 시기에 관한 단편소설을 내놓으면서 새 시기 문화변혁의 기점이 되기도 하지만, 한편으론 예전의 활력을 잃게 된다. 이에 반해, 개혁개방 후 선전(深圳)과 광둥(廣東) 지역에 경제특구가 설립되면서, 주장(珠江) 삼각주는 큰 변화의 물결을 타고 급성장을 하면서 창장 삼각주 지역을 대체하게 된다. 상하이는 여전히 쇠락의 길을 걸으며 아무런 변화도 일어나지 않는다. 1987년 상하이의 작가 위텐바이의 장편소설 『대상하이의 침몰』에서 그는 상하이를 '쇠퇴하는 거인 증후군'으로 묘사하기도 했다.

푸둥 개발을 발판으로 한 재도약

1990년 푸둥(浦東) 개발이 국가급 프로젝트로 전격 가동되면서 재도약의 전환기를 맞이하게 된다. 이를 통해 상하이는 중국 경제 발전을 이끌어가는 기관차로서 명실상부한 경제 수도로 자리매김하게 된다. 2007년 기준 상하이의 1인당 GDP는 8,500여 달러로 중국 전체 평균치인 2,400여 달러보다 3.5배나 많다. 1992년 푸둥 개발을 본격화한 이래로 16년 연속 두 자릿수의 성장률을 기록하며 중국의 경제 성장을 견인하고 있다. 어떤 이들은 중국 동부 연안을 '활'로, 창장을 '화살'로, 상하이를 '화살촉'으로 비유하기도 한다. 눈부신 경제성장으로 견실해진 창장의 화살은 상하이를 화살촉 삼아 태평양을 넘어 세계로 나아간다는 의미이다. 이렇게 경제의 중심으로 더 멀리 도약해 가는 상하이는 혈액을 온몸에 공급해 주는 중국 경제의 심장과도 같다.

두 가지 얼굴의 상하이 – 그 문화 속으로

상하이는 지옥 위에 세워진 천당?

중국의 경제 수도 상하이에 처음 방문하는 외국인들 대부분이 "여기 중국 맞아?"라고 반문한다. 상하이에 살면서도 정말 과연 여기가 중국인지 아니면 서울의 다른 거리인지 혼동될 때가 있다. 그래서인지 현대화된 이국적인 풍경과 중국적인 요소가 혼합된 상하이에 대해 문인들의 묘사도 다양하다.

근대 100여 년 동안 번영과 쇠락을 보인 상하이는 문인들의 글에서는 정반대의 모습으로 묘사되고 있다. 중국 소설가 무스잉(穆时英)은 『상하이 폭스트롯(上海的狐步舞)』에서 상하이를 '지옥 위에 세워진 천당'이라고 묘사했다. 상하이라는 도시

공간에서 나타나고 있는 향락과 부조리한 모습에서 오는 갈등을 그리며, 혼란기의 상하이를 '지옥 위에 지어진 천당'이라고 비유했다. 어떤 이는 고통스럽고 모진 삶을 이어가는 반면, 어떤 이는 천당에서 폭스트롯 춤을 추고 있는 극명한 대비를 보여주고 있다. 작가는 글 마지막에서 "깨어나라! 상하이. 지옥 위에 세워진 천당이여."라는 문장으로 끝을 맺고 있다. 지옥과 천당, 완전히 상반된 두 개의 단어가 결합된 두 가지 얼굴의 상하이는 과연 어떤 모습이 진짜일까?

상하이의 도시 특징을 가장 정확하게 간파하고 있다고 평가받는 한 일본작가는 '이해할 수 없는 도시, 모든 것을 바꿔놓는 도시'라며 상하이를 '마력의 도시(魔都)'라고 불렀다. 또 어떤 이들은 "가장 우둔한 사람이 상하이에 와서 얼마 지나지 않으면 총명해지고, 가장 충직한 사람이 상하이에 와서 얼마 지나지 않으면 교활해진다."라는 말을 하기도 한다.

국제적인 대도시로 번영하고 있는데도 불구하고, 문학 속에서의 상하이의 모습은 대부분 추악하고, 음침한 모습으로 묘사되는 경우가 많았다. 음란하고 수치심 없는 사악함, 타락과 동의어로 인식되기도 했다. '동방의 파리'이자 '모험가의 천국'으로 불리던 상하이는 '요염하고 음탕한 여인'으로, 심지어 '귀신 세계'로 묘사되었고, 건국 이후에는 '부르주아 계급 대오염지역'의 대명사가 되었다.

다양한 모습을 빚어낸 용광로 문화

상하이가 이렇게 부정적으로 묘사되고 있는 데에는 여러 가지 복잡한 요인이 얽혀있다. 이는 도시생활의 타락과 빈부 격차로 인한 일그러진 모습이 존재했기 때문일 것이다. 또한, 중국 현대화의 교두보라고 할 수 있는 통상항구인 상하이에 대해 '개항지 중국인'에 대한 추악화 과정에서 어느 정도 민족주의 감정이 주입된 것으로 볼 수도 있을 것이다.

그러나 당시 조계지 제도는 사실 식민지 제도와 완전히 동일한 의미로 보기는 어렵다. 왜냐하면, 조계지의 최고 행정 권력이 외국인에 의해 장악되었을지라도, 일상적이고도 실질적인 관리는 중국인에 의해 이뤄지고 있었기 때문이다. 근대 상하이의 대부분의 역사는 '3가 2방三家二方'의 특수 구조를 갖게 된다. 즉, 중국, 공공 조계지, 프랑스 조계지 3가지로 분할된 구조와 중국과 서방으로 이분화된 문화의 충돌과 융합은 펄펄 끓는 용광로 문화를 만들면서, 각종 학파, 조직, 인물들이 활동할 수 있는 더할 나위 없이 좋은 무대를 제공하게 된다.

외세의 강압에 의해 개방할 수밖에 없었던 굴욕의 역사, 그리고 이로 인해 경제적 번영을 경험하게 되는 중국 현대화의 독특한 여정을 겪게 된 상하이는 자신감과 자학, 번영과 죄악이라는 두 가지 얼굴을 지니게 된다. 이러한 역사적인 요인으로 중국인들 사이에서도 상하이는 동경의 대상이면서도 존경의 대상이 되지 못하고, 질시와 부러움이라는 복잡한 심리를 형성하게 만든다.

이렇게 상하이는 한마디로 규정하기 어려운 다양한 모습을 가지고 있다. 신구新舊와 중서中西, 보수와 진보 문화가 상호 충돌하고 융합하면서 각기 다른 얼굴과 빛깔을 띠게 된다. 새로운 문화를 받아들이면서 오랜 전통과 구습을 바꾸고, 서로 다른 이질적인 문화의 상호 교류를 통해 새로운 문화가 탄생할 수 있는 환경이 만들어진다.

꿈의 도시, 'Shanghai Dream'

상하이에는 각지에서 모여든 젊은 인재들이 운집해 있다. 상하이에서 구인광고를 내보면 절반 이상의 지원자가 외지인이다. 그들과 채용 인터뷰를 하면서 "왜 고향으로 돌아가지 않고 상하이에서 직장을 구하나?"라고 질문을 하면, 한결같이 다음과 비슷한 내용들로 답한다. "경제 변화의 중심인 상하이에서 그 현장을 느끼고 싶다." "하루가 다르게 발전하는 상하이에 그만큼 많은 기회가 있으며, 나의 발전을 위한 기회를 줄 것이라 믿는다." 이렇게 여전히 많은 젊은이들이 '상하이 드림'을 꿈꾸며 이곳으로 향하고 있으며, 다양한 사람들로 구성된 이민 도시 상하이는 자연스럽게 개방성을 갖추게 된다.

상하이의 이민 도시로서의 역사는 개항 당시로 거슬러 올라간다. 1840년대 외세에 의해 강제 개항당하면서, 상하이에는 돈을 벌기 위해 또는 은둔하기 위해 몰려드는 사람들로 붐

비게 된다. 실제로 개항 이후 상하이 인구는 폭발하듯 증가하는데, 이때부터 상하이는 '바다가 수많은 강과 하천을 받아들이듯(海納百川)' 존재하는 거의 모든 것을 수용하는 거대한 도시로 변모하게 된다.

관련 기록에 따르면, 개항 당시 상하이의 인구는 10만에도 못 미쳤으나, 1949년에는 520만 명으로 무려 52배나 폭증했다. 1930년대 상하이 본토박이는 전체 인구의 15~25%에 불과했으며, 외지와 해외에서 유입된 인구가 75~85%에 달했다. 강제 개항 이후 외국인들이 급증하면서, 이들을 대상으로 돈벌이를 하기 위해 이민자들이 한꺼번에 밀려온 것이다. 상하이 인근지역인 장쑤성(江蘇省), 저장성(浙江省), 안휘성(安徽省)의 이민자들이 폭증했다. 1900년에 상하이 인구는 100만을 넘어섰고, 1915년 200만, 1930년 300만을 돌파했다. 이 당시 상하이는 동아시아에서 두 번째, 세계에서는 런던, 뉴욕, 도쿄, 베를린에 이어 다섯 번째 대도시로 성장한다. 그러나 1949년 건국 이후 30여 년간은 경제가 쇠퇴기에 빠지면서 이민의 역사도 정체기를 거치게 된다. 그러다가 1990년 푸둥 개발이 시작되면서 다시 새로운 이민 사회를 형성하게 된다.

상하이에서 상하이런(上海人)을 찾아보기 어렵다?

각종 문화가 혼합되면서 가장 번화한 시기를 맞이한 상하이에는 정작 상하이 본토박이가 소수를 점하면서, 주객이 전도된 인구 구조를 갖게 된다. 이는 경제, 정치, 사회뿐만 아니라 문화에 있어서도 독특한 요소를 가미하게 된다. 경제발전에 기여하는 개방성과 실용성을 뒷받침하게 되고, 문화에 있어서도 한쪽으로 치우치지 않고 모든 것에 개방된 모습으로 발전하게 된다. 그러나 이러한 개방성은 양날의 칼과 같아서, 다른 한편으로는 상하이가 전통적인 중국적 요소를 온전히 계승하지 못하게 하는 걸림돌이 되기도 한다.

근대 상하이 이민 사회의 특징은 상하이 인구 구성에서도 잘 나타난다. 당시 상하이 본토박이 인구가 전체 인구에서 차지하는 비중은 30%에도 못 미쳤으며, 공공 조계지 내 본토박이 비중이 제일 높았던 때는 28%(1932년)였다. 외지인의 구성을 보면, 대부분이 장쑤성, 저장성, 안휘성, 광둥성(廣東省), 후베이성(湖北省), 산둥성(山東省) 출신이다.

2007년 기준 상하이의 공식 상주인구는 1,858만 명 가운데 상하이 호구를 보유한 인구는 1,370만 명이고, 외지인은 488만 명으로 전체의 26%를 차지한다. 여기에다가 유동인구 660만 명을 합치면 실제 인구는 2,518만 명이다. 외지인과 유동인구를 합치며 1,148만 명으로 전체의 46%를 차지한다. 결국 상하이의 절반 가까이가 본토박이가 아닌 이민 온 사람이거나 외지인이라는 것을 알 수 있다. 그렇다면, 상하이에 이민 온 사람들은 어떤 사람들인가? 사회 기층민인 허드렛일을 하는 농촌 노동자(民工)에서부터 유학 온 고급 두뇌와 물밀듯이 들어오는 외국 투자가까지 그 구성이 다양하다. 현재 상하이 이민자들은 장쑤성, 저장성, 안휘성, 장씨성(江西省) 지역 사람들이 대부분이며, 저장성 닝보(寧波)와 원저우(温州)의 큰손들이 각 주요 경제 분야에 포진하고 있다.

중국 각지에서 그리고 해외에서 이민 온 사람들이 상하이 도시 인구의 주류를 구성하면서, 이들은 상하이에 적응하며 융합되었을 뿐만 아니라, 한발 더 나아가 상하이를 바꿔가고 있다. 개항 시기에 이민 온 라오상하이(老上海) 이민자 외에 1990년대 이후에 재도약하기 시작한 상하이로 몰려드는 신상하이런(新上海人)이 있다. 이들은 상하이의 다양한 문화를 형성하는 주류가 되었으며, 최근에는 여기에다 해외에서 유학하고 귀국한 하이꾸이파(海歸派)가 가세하면서 상하이의 이민사회는 고급 두뇌의 싱크탱크가 되고 있다.

결혼 시장에서 몸값 올리는 상하이 호구

이민문화는 상하이에 다양성과 개방성을 촉진하기도 했으나, 이로 인한 폐단도 나타났다. 가령, 도시화와 경제발전이 고도화되면서, 빈부격차도 더욱 심각해지고 이민사회의 계층화를 심화시키고 있다. 일반적으로 상하이 부유계층이나 외국인 가정에서 일하는 보모와 건설 현장 막노동 인부, 환경미화원 등 육체노동을 하는 사람들 중에 상하이 본토박이는 거의 없고, 가깝게는 안휘성, 장씨성 멀게는 쓰촨성 등지에서 돈 벌러 온 농촌 노동자들이 대부분이다. 여기에다가 상하이의 호구户口제도는 상하이와 외지인을 차별화하는 또 다른 원인이 되고 있다. 직원 월급에서도 상하이 호구를 갖고 있는 사람에게는 기본급 외에 4대 사회보험을 지급하도록 의무화되어 있으나, 외지인에게는 이러한 의무 사항이 없다. 또한 외지인이 상하이 호구를 얻기 위해서는 재직증명서 등 증빙을 제출하여 심사를 통과해야 하는 까다로운 과정이 있어, 외지인이 상하이 호구를 갖기란 쉽지 않다. 사정이 이렇다 보니 결혼 시장에서도 상하이 호구를 보유하고 있는 사람은 자연히 몸값이 올라가서, 결혼 광고에 '상하이 호구 소지'라는 문구를 내면 프리미엄 효과가 있다. 상하이에서는 같은 중국인이라도 피라미드 맨 꼭대기에 있는 부유층은 자신의 부를 누리며 부의 계층화를 고착화시키고, 밑바닥의 농촌 노동자들은 사회 보장제도의 사각지대 속에서 가난을 대물림하고 있는 것이다. '요즘 외지인이 너무 많이 증가해서 치안이 불안해지고 있다.'는 상하이 시민들의 불평 아닌 불평은 이러한 부의 계층화가 고착화되는 과정 속에서 나타나는 불협화음의 일부일 것이다.

베이징 징파이 대 상하이 하이파이

중국인에게 상하이 문화의 특징이 무엇이냐고 물어보면, 하이파이(海派) 문화라고 대답한다. 하이파이란 20세기 초부터 근대까지의 상하이의 예술, 문화, 생활방식 등 다양한 상하이의 도시문화를 가리키는 것으로 상하이런의 분위기, 특징을 광범위하게 가리킨다. 일반적으로 신선함, 다양함, 유행을 추구하는 것이 하이파이 문화의 특징이다. 당시에는 하이파이 영화, 하이파이 패션, 하이파이 음식, 심지어 하이파이 양말이라는 말까지 있었다고 한다. 하이파이는 서양문화, 상업문화, 조계제도, 이민사회 등 각종 사회, 경제제도가 투영된 신흥 문화로서 때로는 양파이(洋派, 서양문화)와 동의어로 간주되기도 했다. 그런데 하이파이 문화도 굴절된 상하이의 역사처럼 일종의 폄하의 의미가 내포되면서, 상하이런과 타 지역 사람들을 구분 짓는 잣대가 되기도 했다.

상하이와 베이징은 예전부터 보이지 않는 대립과 라이벌 의식을 갖고 있는데 이는 중국의 현대화를 거치면서 시작됐으며 문화에서도 나타나고 있다. 베이징 정통파와 상하이 정통파의 대립은 1930년대 문단에서부터 쟁론이 일기 시작했으나, 사실 이는 단순히 문학학파의 쟁론이라기보다는 두 지역의 문화가 포괄적이면서 새로운 차원의 교류를 시작한 것으로 볼 수 있다. 상하이의 '하이파이(海派)'와 대비되는 것이 베이징의 '징파이(京派)'이다. 상하이 중심의 창장 유역 문화를 지칭하는 하이파이 문화가 실질적이고 상업적인 특징을 보인다고 한다면, 징파이는 역사 중심적이고 아카데믹한 특징을 보인다. 어떻게 보면, 전통적인 문화 중심인 베이징이 맏형 역할을 하던 확고한 지위가 신흥 도시 문화로부터 도전을 받았을 수도 있다. 베이징 문화는 역사적으로 유구할 뿐만 아니라 이미 지역적인 개념을 넘어선 중국 사회 전체의 주류 문화를 이루고 있었다. 이를 중국어로는 민족문화의 정수라는 뜻으로 '궈추이(国粹)'라고 말한다. 중국에는 중국 전통 오페라가 징쥐(京剧), 촨쥐(川剧), 위에쥐(越剧) 등 지역별로 구분이 되어 있지만, 베이징의 징쥐는 중국의 대표 오페라와 동일시되고 있다.

이러한 상황에서 신흥 상하이 문화는 기존 중국의 대통일된 문화 구조를 흩트려 놓았을 뿐만 아니라, 새로운 이질문화를 주입하면서 다양성의 문화로 나아가는 새로운 길을 열어놓게 된다.

포용과 개방의 하이파이 문화 부흥

상하이의 문화 대명사 격인 하이파이 문화는 다양한 사회계층, 다양한 직업을 갖고 있는 상하이런이 만들어낸 상호 교류, 모방하는 생활 방식이다. 자본주의적이며 대중 지향적인 분위기를 나타내면서 우아함과 통속함이 함께 섞인 고품격 통속문화를 형성하게 된다. 하이파이 문화를 묘사할 때 주로 사용되는 단어는 통속적, 대중적, 실리적, 상업화, 모던함, 식민지 등이다. 지식인 엘리트와 대중문화, 통속문화의 충돌과 결합이 일어나면서 상하이는 상업 문화와 시민 문화를 주류로 한 신흥 문화 중심으로 부상하게 된다. 다채로운 문화, 예술, 음악, 희곡이 발전하게 되었고, 이는 중국의 정치, 상업, 문화, 예술 각 분야에 큰 공헌을 하게 되며, 오늘날 까지도 각 분야에 영향을 미치고 있다.

그렇다면 하이파이 문화는 언제부터 나타난 것일까? 1919년 5·4운동 이후 나타난 신문화운동이 시작되면서 20년간 상하이가 중국의 문화 중심이 되는 역사적인 대전환을 맞이하게 된다. 이민 도시인 상하이가 국제적인 대도시로 변모하면서 지식인이 몰려들게 된다. 각종 신앙과 정치이념을 갖고 있는 정당, 조직, 단체가 모여들었으며, 이들은 각종 학술과 이념, 사상, 관념을 담은 잡지를 발간한다. 상하이의 가장 화려한 시기라고 할 수 있는 1920~1930년대는 문단, 화단, 극단에서 하이파이 문화가 크게 발전했다.

하이파이 문화가 자본주의적 색채를 띠면서 부정적인 의미를 갖기도 했지만, 사유재산, 자유 경쟁, 능력 우선의 원칙은 모험 정신과 기업가 정신을 배양하고 발전시켰다. 근검, 근면, 이익 추구, 신용, 시간 준수, 효율 등의 기본적인 품격은 장인 정신과 직업 정신, 직업 도덕 등 상업 윤리와 가치관을 형성하게 된다. 오늘날 상하이런이 이재에 밝은 경제 유전자가 진화하면서 중국의 유태인이라는 칭호를 얻게 된 것도 여기에서 기인한 게 아닐까 한다.

긴장되고 붐비는 상하이의 도시 생활은 자연히 다른 문화를 형성하게 된다. 여가시간에는 다양한 문화 욕구가 생겨나게 되면서, 소비를 촉진하게 되고, 상업 문화는 상하이 문화의 기본 줄기가 된다. 일반적으로 통속 문화는 기본적으로 '식食'과 '색色'을 위주로 하는데, 수필가 저우주어런(周作人)은 상하이 문화를 '재財'와 '색色'을 중심으로 하는 문화라고 주장했다. 어떻게 보면 그것도 틀린 말은 아닌 듯하다.

풍요로운 경제 환경과 발달한 문화 사업과 인프라, 편리한 교류, 조계지 제도가 보장하는 상대적으로 안정적인 생활과 느슨한 언론 환경은 상하이가 지식인들을 받아들일 수 있는 좋은 환경을 마련했다. 상하이의 특정한 문화 환경은 그에 걸맞은 특수한 분위기를 만들면서, 하이파이 문화 품격이 형성됐다. 상하이는 지식인 집중도와 인구 유동성이 가장 높은 도시가 되면서, 당대 최대 규모의 지식인을 흡수하며, 상하이 고유의 문화를 형성하게 된 것이다. 외부의 것을 받아들이고, 함축하고, 격식에 얽매이지 않고, 개방된 모습은 하이파이의 가장 두드러진 특징이다. 이렇게 하이파이 문화는 포용하지 않은 게 없는 문화였다.

신문화의 중심으로 부상

도시 발전 과정에 있어서 경제와 문화, 정치는 중요한 연관관계에 있으며 그만큼 복잡하게 얽혀 있다. 태평양을 바라보는 최대 통상항구인 상하이와 세계의 교류는 상품 교역에만 국한된 것이 아니었다. 서양 문화와 사상을 받아들이는 중요한 지역이자, 교통, 통신, 유통의 핵심 기능을 갖추면서 상하이는 중국 최대 상업 중심이자 신문화 중심으로 떠오른다. 19세기 하반기 상하이는 중국 서학 전파의 주요 기지가 된다. 1899년까지 50여 년 동안 중문 번역서 556권 중 상하이에서 번역 출판된 책은 473종으로 전체의 85%를 차지했다. 베이징, 광저우, 톈진, 창사, 항저우를 다 합쳐도 15%밖에 안 됐다. 이렇게 우월한 문화 전파 조건과 환경이 마련되고, 각종 학회, 고등교육기관이 설립되면서, 상하이는 신흥 지식인을 수용하는 문화 토양을 마련하게 된다.

상하이는 이렇게 신문물 수용의 주요 기지였을 뿐 아니라 정치 혁명의 기지가 된다. 이것도 중국의 사법권과 행정권이 미치지 않는 '치외법권'을 허용하는 조계지 제도 때문에 가능한 것이었다. 유신파와 혁명당의 언론 출판도 다른 곳에서 얻기 힘든 자유를 얻게 된다.

상하이의 서방 제국주의의 침략과 점령, 중국에 대한 불평등 조약의 강제 체결은 굴욕만을 의미하는 것은 아니었다. 어떤 면에서는 통일된 봉건제국에서 '중국에 속해 있지만 중국 밖에 있는 지역(華外之地)', 치외법권 지역을 형성하면서, 이곳에 새로운 문화 생명체가 자라게 하는 좋은 밑거름이 되었다. 20세기 초 부르주아 계급 혁명파 활동의 발원지가 되면서, 상하이는 천리 밖 성곽으로 둘러싸인 베이징의 청나라 정부와 대항할 수 있는 지리적인 입지 조건을 갖추게 된다. 반정부인사들은 상하이에서 그 세력을 키우며, 상하이 활동 중심인 남사南社에서 공개적으로 '베이징 정부 반대'를 기치로 내세웠다. 1911년 10월 10일 우창 봉기 후, 상하이는 신해혁명의 핵심지역이 된다. 광저우, 우한, 난징과 같이 신흥 정치·군사력의 수도가 된 적은 없었으나, 신해혁명 이후 상하이는 북방 정부와 대치하는 중심적 지위를 확립한다.

혁명의 기지, 상하이방 배출

상하이는 중국 공산당의 탄생지이자 문화대혁명 사인방의 근거지이다. 싱예루(興業路) 76호의 중공일대회지中共一大會址 유적지가 상하이에 있다. 이곳은 중국 공산당을 탄생시킨 제1차 공산당 대회 개최지역이다. 당시 마오쩌둥을 비롯한 각지를 대표하는 공산당원들이 1921년 7월 23일 이곳에서 비밀리에 모여 대회를 개최하여, 중국인들에게 특별한 의미를 갖고 있는 곳이다. 이밖에 샹산루 7호의 쑨중산 고거, 화이하이중루 1843호의 쑹칭링 고거 등이 상하이에 남아있는 대표적인 혁명 유적지이다. 중국 개혁개방의 추종자였던 장쩌민 전 총서기, 주룽지 전 총리, 리란칭 전 부총리, 첸지천 전 부총리, 황쥐 전 부총리, 우방궈 전인대 상무 위원장 등을 배출한 '상하이방(上海幇)'의 본산이 된다. 상하이방은 중앙집권체제하에 경제력을 기반으로 정치권력을 장악한 대표적인 예로서, 천안문 사태 진압을 적극 지지한 당시 장쩌민 상하이 시장이 국가주석이 되면서 상하이방은 정치 전면에 나서게 됐다. 당내 상하이방 견제를 위해 안후이 출신이며 공산주의 청년단을 기반으로 하는 후진타오 주석이 그 뒤를 잇게 된다. 그리고 상하이방이 지지하는 상하이 당서기를 역임한 시진핑(習近平)이 부주석으로 당선되면서 상하이방의 세력이 이어지고 있다.

상하이탄에 나타난 개방성

베이징의 문화가 대국적이고 호탕한 면이 있다면, 상하이 특징은 바로 개방성에 있다. 상하이 문화도 베이징과 마찬가지로 포용의 문화라는 특성을 갖고 있지만, 한 가지 다른 점은 상하이의 포용은 개방적이라는 것이다. 상하이의 개방성이란 창장 하구가 바다 갯벌과 만나는 지역, 거의 어떠한 경계선도 없는 상하이탄(上海灘)이 이를 상징한다고 볼 수 있다. 상하이는 5대양 6대주를 향해 열려 있는 대문과도 같이 자신을 한없이 넓혀 왔다. 유럽, 미국 등 서양 문화도 받아들였고, 중화 문화도 부흥시켰다. 상하이는 늘 고급문화의 중심이자 통속 문화가 공존하고 있다. 마치 바다의 갯벌이 모든 것을 받아들이듯이 상하이는 그렇게 열려 있는 품으로 모든 것을 받아들이고 흡수한다.

상하이에 속 좁은 소시민이 많다고 해도, 이것이 상하이의 개방성을 가리지는 못한다. 중국 내 여타 도시 중에서 상하이처럼 그렇게 무수한 이민을 받아들이고 다양한 문화를 포용하고 심지어 그 문화들이 혼탁하게 섞이는 것까지도 두려워하지 않은 도시는 상하이가 거의 유일할 것이다. 이것이 바로 상하이의 개방적인 품격이다. 이러한 개방성은 100여 년이라는 짧은 시간 동안에 상하이를 동아시아 최대의 도시로 부상하게 만든 저력이기도 하다.

상하이런, 부러움과 질시의 대상

'중국의 유태인'

경제 분야에서 상하이런의 정명精明함은 이미 널리 정평이 나있다. 합리적이고 계산에 철저하고 실용적인 생활 철학을 갖고 있는 상하이런은 '중국의 유태인'이라고 불린다.

청나라 말기 상하이 상인들은 조직적으로 경제활동과 시정에 적극 참여하기 시작했으며, 정치 참여에도 중요한 역할을 하게 된다. 1912년 '상하이 총상회'가 정식 설립하게 된다. 상하이 총상회의 전신은 1902년 설립된 '상하이상업회의공소'와 1904년에 개편된 '상하이 상무총회'로서 이 조직은 상하이에 설립된 가장 오래된 상회이자, '중국 제일 상회'라고 불렸다. 이 조직을 통해 상하이 경제 인사들은 끈끈히 연결되고 신의를 중시하고, 선후배를 이끌어 주는 신세대 기업가로서의 자질을 키우게 된다. 이들은 1920~1930년대 식민지 시기에 외국기업에 편향된 불평등한 환경 속에서 경쟁해야 했을 뿐만 아니라, 당시 장제스의 난징 정부로부터 정치적 압박과 군사 내전에 필요한 자금 탈취도 견뎌내야 했다. 상하이런은 이러한 역사의 수난기를 겪으면서 민족 공업 발전에 공헌하였고, 중국 유명 브랜드 제품을 생산해 내면서 당시 상하이를 휩쓸던 외국제품과 경쟁했다. 또한 그 당시 방직업계, 석탄업계 등 대표적인 기업가들을 배출해 내기도 했다.

최대 상업 도시에서 상품과 상업은 상하이런을 이어주는 끈과 같았다. 상하이런은 전형적인 시민의 모습을 보였으며, 상하이는 전형적인 시민 사회의 특징을 갖게 된다. 시민 사회의 특징은 '지위의 높고 낮음, 천하고 부귀함의 구분이 없다'는 것이고, 상업 사회의 특징은 '돈은 알아보지만, 사람을 알아보지 못 한다'는 것이다. 다시 말하면 '돈 앞에 만인은 평등하다'라는 의미로, 예전 상하이에서는 "가난은 비웃어도 몸 파는 창기는 비웃지 않는다."는 말이 있을 정도로 경제 개념이 투철했다. 중국의 이중텐 교수는 상하이런의 특징으로 "자기에게 이롭되 타인에게 손해를 입히지 않는다(利己不損人). 잦은 꾀를 부리되, 큰 악은 없다(小奸無大惡)."를 예로 들었는데, 이는 바로 중국의 유태인으로 불리는 상하이런의 경제관과 처세관을 압축해 설명해 주는 것이다.

실리 추구형 실용주의

역사적으로 상하이는 서양 문화의 침투가 가장 많은 도시였다. 다른 내륙 지역과 광저우 등 기타 대외개방 항구와 비교했을 때, 서양 문화와 충돌하고 융합하는 과정에서 상하이는 훨씬 여유 있고 포용적인 태도를 보였다. 20세기 초 민족주의가 중국 전역에서 고조되고 있을 때, 상하이런이 강력한 외세 배척을 보이지 않았다는 점은 유독 눈길을 끈다. 이것도 어쩌면 상하이런의 실용주의 혹은 실리적인 성격에서 비롯되었을지도 모른다. 상하이 방언에 나타난 서양인의 단어에서도 외국인에 대한 중립적인 표현을 찾아 볼 수 있다. 중국 대부분의 지역에서는 외국인을 오랑캐, 양놈으로 표현했지만, 유독 상하이 방언에서는 외국 사람을 그대로 외국인이라고 불렀다. 이는 외국인에 대한 굴욕과 저항이 있으면서도 또 역설적이게도 외국인과 가장 밀접한 접촉을 유지하면서 일종의 상호의존적인 특수 관계에서 기인했다고 볼 수 있다.

문헌에 따르면 1875년 상하이에 있는 24곳의 외국어 교육기관에는 사람이 붐비는 반면, 전통적인 과거시험 기관은 한산했다고 한다. 근대 이래로 상하이는 해외 유학의 창구이자 최대 규모의 화교 기지 가운데 하나였다. 자연스럽게 상하이에는 외국기관에 근무하는 서비스 계층, 매판 계층이 생겨나게 되었고, 매판 계층과 외국인 상점 직원들이 외국 문화로부터 받은 영향은 훨씬 직접적이고 컸다. 이들은 조계지에서 혼합된 두 개의 문화를 담아내는 중개자이자 매개체 역할을 하게 된다. 중국과 서양의 혼합된 생활 방식 속에서 서양의 가치관을 수용하게 되면서, 여자 아이에게 전족하는 악습도 없앴으며 자식이 반드시 벼슬길에 올라야 한다는 고정 관념도 버리게 된다. 서양식 교육과 클럽 활동, 공공사업, 자선 사업에 참여하기도 하였으며, 1911년 신해혁명 당시 유명한 매판 세력과 상업 거두들이 중요한 역할을 했으며, 혁명 정부 시절 재정적인 지원을 아끼지 않았다.

상하이런(上海人) 대 베이징런(北京人)

베이징 사람들은 다른 지역을 지방으로 보는 데 반해, 상하이 사람들은 상하이를 제외한 다른 지역을 모두 시골로 본다고 한다. 이에 관한 유명한 일화가 있다. 어느 날 베이징에서 한 직원이 상하이로 출장 와서 회사 미팅 장소로 갔다. 안내데스크 아가씨가 인터폰으로 "시골에서 누가 찾아 왔습니다."라고 하는 말을 듣고서는 "난 베이징에서 왔소."라고 했다. 그랬더니, "시골 베이징에서 누가 찾아 왔습니다."고 말했다고 한다. 이렇게 상하이 사람은 수도 베이징 사람까지도 무시한다는 말이다.

이에 반해 베이징 사람은 호탕하고 가슴이 넓은 편이며, 특별히 외지인이라 해서 무시하지는 않지만, 유독 상하이 사람은 무시한다고 한다. 그래서 상하이 사람이 베이징에서 들을 수 있는 최고의 찬사는 "당신 상하이 사람 같지 않네."라는 말도 있다. 베이징의 이런 관념은 어쩌면 전통적인 가치관, 즉 사농공상士農工商의 개념에서 나온 것으로 볼 수 있다. 베이징이 '사농士農의 도시'라면, 상하이는 '공상工商의 도시'이기 때문인 것으로 해석할 수도 있다.

이렇게 상하이와 베이징은 예전부터 은근한 신경전이 벌어지는 라이벌 관계다. 이것은 어쩌면 서로가 가지지 못한 것에 대한 부러움과 질투의 표현일 수도 있을 것이다. 상하이가 아무리 경제의 중심이라고 해도 수도를 대신할 수 없으며, 최고로 높여서 할 수 있는 표현이라고는 '대상하이(大上海)'라는 말이지만, 이 역시 상하이의 정체성의 한계를 표현하는 것이다. 왜냐하면 베이징을 '대베이징(大北京)'이라는 말로 추켜세울 필요 없이 베이징은 중국의 수도이기 때문이다. 베이징이 정치의 수도라고 하지만, 경제 분야에서는 아직 상하이를 넘어서지 못하는 일종의 불편한 감정이 없을 수는 없을 것이다.

외지인 눈에 비친 상하이런

상하이의 경제 위상과 비교해 볼 때, 중국에서 상하이런의 명성은 그리 좋은 편이 아니다. "상하이런은 똑똑하지만, 총명하지 않다. 능력은 있지만, 매력적이지 않다. 오만하고 잘난 체 한다. 자기도취감에 빠져 있다. 대부분이 외지인을 무시한다."는 말을 많이 한다. 이렇게 외지인의 눈에 비친 상하이런은 중국 최대 경제도시에 산다는 이유만으로 아는 체하고 외지인을 무시하는 사람들이다. 사실 상하이런이 안하무인격으로 외지인을 무시하는 태도는 중국에서 아주 유명하다. 그리고 거의 대부분의 사람들이 상하이에서 무시당해본 경험이 있을 정도다. 상하이런의 자만을 나타내는 것 중 대표적인 것으로 상하이 방언이 꼽힌다. 중국은 땅덩어리가 넓다 보니 지방마다 방언이 없는 곳이 없다. 그런데 외지인이 보기에, 상하이런은 주변 사람을 신경 쓰지 않고 큰 소리로 상하이 방언을 한다고 불만을 터트린다. 외지인을 앞에 두고 방언으로 말하는 것은 분명 예의에 어긋난다는 것이다. 게다가 특히 타지에서 상하이 방언 하기를 더 좋아한다고 한다. 왜냐하면 상하이 방언은 일종의 문화를 표현하고, 본인이 상하이런이라는 정체성을 표현할 수 있는 가장 좋은 도구이기 때문이다.

수필가 위취우(余秋雨)는 그의 책 『상하이런』에서 '상하이런은 중국 근대사 이후로 가장 멋쩍은 집단'이라고 묘사하고 있다. 요점인즉슨, 상하이런의 뿌리가 불명확하다는 것이다. 그는 책에서 "누가 상하이런인가? 누가 외지인을 배타적으로 여길 수 있는 정통 본토박이인가?" 하고 묻는다. 사실 상하이런의 뿌리를 찾아 들어가면, 정말 본토박이는 거의 없고 대부분이 자신들이 깔보고 무시하는 외지인이라는 것이다. 그러니 상하이런이 멋쩍은 집단이라는 표현이 완전히 틀리다고 하기도 어렵다. 만약 상하이가 출신이 불명확한 혼혈아라고 한다면, 상하이런 역시 '출신이 불명확한 어색한 집단'인 셈이라고 밝히고 있다.

이렇게 다른 어느 지역보다 상하이런에 대해 유난히 많은 얘기를 하는 것은 어쩌면 상하이 문화가 특별하고 상하이 문화가 우월하다는 것을 반증하는 것일 수도 있다. 사실 베이징은 수도로서 그 우월함이 이미 입증되었기 때문에 그다지 특별할 것이 없고 또 당연하게 여겨진다. 이에 반해 상하이는 우월하면서도 특별하기 때문에 부러움과 질시의 대상이 되는 게 아닐까? 어떤 사람들은 상하이의 우월한 문화는 인정하지만, 상하이런을 인정하지 않는 경향이 있다. 그러나 상하이의 우월한 문화를 만든 사람이 상하이런이라는 것을 인정한다면, 이것도 어불성설이기는 마찬가지인 셈이다.

위추위 작가는 중국 전체가 "상하이 사람 없이는 살 수 없으면서도 상하이 사람들을 싫어한다."며 이런 모순된 감정은 근대 이후부터 있어 왔다고 분석한다. '똑똑함, 교만함, 계산적, 자유분방, 배타성, 정치에 무관심, 단결의식 부족, 냉정함, 인색함, 이기적, 유행에 민감함 등등' 이 모든 것을 합쳐놓으면 이것이 외지인 눈에 비친 상하이런의 모습이 될 것이다.

개방 대 배타

상하이는 개방적이지만, 상하이런은 개방적이지 못하다는 말이 있다. 이것은 어쩌면 상하이의 역사와 연관된다고 볼 수 있다. 외세의 굴욕과 역사의 험난한 시기에 살아남기 위해 상하이런이 할 수 있었던 유일한 선택은 자기도 모르게 나와 남을 구분하고, 본토박이와 외지인을 구별하고 경계하기 위한 성벽을 쌓는 것이었을지도 모른다. 당시에는 조금이라도 조심하지 않으면 사기 당하거나 큰 어려움에 처할 수밖에 없었기 때문이다. 다른 중국의 대도시처럼 성곽을 쌓지 않는 개방성과 포용성의 문화를 암시했던 상하이지만, 그곳에 사는 상하이런은 삶의 현장에서 오히려 여기저기 '자기 보호'를 위한 경계의 성곽을 쌓지 않고서는 살기 어려웠던 것이 아닐까? 다른 지역도 외지인을 배척하는 면이 없지 않지만, 유독 상하이런은 중국에서 가장 배타적이라고 평가되고 있다.

최근 들어 버스 정류장이나 지하철 등 공공장소 광고에 "사랑스러운 상하이런이 되자(我们要做可爱的上海人)."라는 문구를 자주 볼 수 있다. 볼 때마다 '사랑스러운'이라는 단어가 도시 표어에 썩 어울리지 않는다는 생각이 들어, 중국인에게 물어보니 '사랑스러운'이라는 말이 포함하는 단어는 매우 광범위하다고 한다. 상하이런 하면 가장 먼저 떠올리게 되는 배타적이고 폐쇄적인 이미지를 벗고, 친근하고, 개방적인 상하이런의 이미지를 심기 위해 상하이시 정부에서 대대적으로 홍보활동을 하는 것이라고 설명을 한다. "1년마다 작은 변화가 있고, 3년마다 큰 변화가 있다(一年一个样, 三年大变样)."는 상하이 곳곳이 공사현장이 되고 있는 가운데, 상하이런의 이미지도 이제는 대대적으로 도시의 변화에 걸맞게 쇄신해야 하는 교차로에 서있는 듯하다.

상하이 남자의 딜레마

하루는 택시를 타고 가는데 택시기사가 먼저 말을 붙인다. 베이징에서는 호기심 많고 대화하기 좋아하는 베이징 사람의 특성상, 택시기사가 외국인이라는 걸 알면 먼저 관심을 갖고 말을 건네기 시작한다. 그러면 거의 열에 아홉은 내릴 때까지 택시기사의 말동무가 되어줘야 한다. 그러나 상하이는 다르다. 외국인이 많기도 하거니와 상하이런의 특징상 굳이 남의 일에 애써 신경 쓰지 않기 때문이다. 이 택시기사는 자신이 상하이 본토박이라고 하면서, 상하이 남자의 고충을 털어놓는다.

상하이 남자는 중국 최고의 신랑감으로 꼽힌다. 생계를 책임지는 것은 기본이고, 장보기, 요리하기, 빨래하기 등 가사일을 대부분 도맡아 한다. 왜 그렇게 하냐고 물어보면, 대부분의 상하이 남자들은 여자들은 체력이 약하기 때문에, 남녀가 똑같이 사회생활을 하는데 아무래도 남자가 힘든 일을 해야 하는 것이 아니냐고 되묻는다. 그런데 이 택시기사도 좋은 남편, 인기 좋은 상하이 남자 역할이 때로는 부대끼고 힘들게 느껴지나 보다. 그러면서 털어놓는 얘기가 하루 종일 일하고, 집에 가서는 부인 눈치를 봐야하고, 상하이 여자는 기가 너무 세단다. 한국 여자들은 정말 온화한 거 같다면서, 중국인 사이에서 한국의 최고 미녀로 통하는 김희선에 대해 얘기를 꺼낸다. 어떻게 보면 상하이 남자는 중국 남자들의 '공공의 적'인 셈이다. 여자들에게 잘해주는 것도 좋지만 정도가 지나쳤다는 것일까. 타 지역의 중국 남자들의 상하이 남자에 대한 평가는 '대장부 기개가 없고, 꽁생원 같다'며 대놓고 싫은 내색을 표하기도 하다.

사실 이러한 차이는 상하이 남자들의 특징으로 보기 보다는 중국의 남방 문화와 북방 문화의 차이에서 오는 반응일지도 모른다. 중국의 수필가 린위탕(林語堂)은 『나의 나라, 나의 백성(吾国与吾民)』에서 북방과 남방 사람에 대해 이렇게 묘사했다.

> "북방 중국인은 단순하고 소박한 사유와 힘든 생활에 익숙해 있다. 키는 크고 건장하며, 친절하고 유머가 많다. 상하이와 저장성 일대 사람들과 비교하면 보수적이지만, 활력을 잃지 않았다. 이들은 대를 이어 지방할거 왕국을 만들었으며 중국전쟁과 모험소설의 주요 인물소재가 되고 있다. 동남변방, 창장 이남에는 또 다른 부류의 사람들이 있다. 이들은 편안하고 한가로운 생활에 익숙해 있으며, 부지런히 자신을 갈고 닦으며, 처세에 강하다. 두뇌가 발달했고, 체격은 왜소하다. 시를 읽고 한적하고 여유 있는 삶을 좋아한다. 발육이 덜된 남자들과, 몸매는 좋지만 신경쇠약에 걸린 여자들이다. 이들은 똑똑한 상인이자, 글 솜씨 있는 문학가이지만, 전쟁터에서는 겁쟁이다. 언제든지 주먹이 머리 위로 날아오기 전에 땅으로 엎드려 울 자세가 되어 있다."

최고의 인기 신랑감, 상하이 남자 예찬론?

1997년 1월 한 대만 작가가 「원휘바오(文彙报)」에 '아, 상하이 남자여'라는 글을 발표했다.

"상하이 남자는 이토록 사랑스럽다. 장보고 요리하고 청소해도 절대로 자신이 낮다고 생각하지 않는다. 그들은 여자들 옷을 빨고도 자신을 비천하게 여기지 않는다. 그들은 낮고 조용한 목소리로 여자들과 대화를 나눠도 자신이 남자답지 않다고 느끼지 않는다. 그들은 여인들이 강한 기세를 드러내도, 자신이 약하다고 느끼지 않는다. 부인의 성공을 기뻐하되, 자신의 실패를 느끼지 않는다. 침팬지 같이 가슴을 치거나, 자신의 털을 보이며 남성성을 강조할 필요가 없다. 아, 이것이 진정한 남자가 아닌가? 20세기에 해방을 추구하는 신여성이 꿈에도 그리던 온화하면서도 솔직한 남자가 아닌가? 바로 이들이 상하이에 있다."

이 글이 발표된 후, 상하이는 논쟁으로 뜨겁게 달궈졌다. 상하이 남자를 모욕했다, 혹은 상하이 남자야말로 대장부이다 등등. 사실 이 대만 작가의 문장 어투가 약간은 비꼬는 듯한 느낌이 있어, 그렇게 비난을 받는 것이 당연할 수도 있고, 또 글 가운데 일부는 사실일 수도 혹은 사실이 아닐 수도 있다.

그동안 공개적인 담론에서 상하이 남자에 대한 이와 비슷한 이야기가 있어왔으나, 이 글이 상하이 남자들을 발칵 뒤집히게 한 데에는 여러 가지 이유가 있을 것이다. 아마 그것은 상하이 남자도 어쩌면 다 인정하고 있는 아킬레스건인 '상하이 남자는 남자답지 못하다'는 사실이 대만의 여작가의 입을 통해 발표되었다는 것 때문일 것이다. 상하이에서 방송되는 드라마에서 상하이 남자들은 소심하고 남자답지 못한 모습으로 종종 묘사되기도 했지만, 이는 상하이런 본인 스스로가 묘사하는 것이었고, 남의 입을 통해 그것도 남자의 약점을 여자에 의해 지적받았다는 것이 특히 기분 나쁘지 않았겠냐고 분석하는 사람도 있다.

어찌되었든 아직까지도 상하이 남자에 대한 논의는 이어지고 있고 그 진실은 알 수 없지만, 상하이 남자들이 자신의 아내, 가족에 대한 사랑을 표현하고 행동에 옮기는 점은 그래도 충분히 부러워할 만하고 높이 평가할 만한 것 아닐까?

농탕, 삶의 모습을 담은 전통 주거양식

하늘을 찌를 듯한 고층 빌딩 숲을 지나가다 보면 현대식 고층 건물과 어울리지 않게 지어진 거주 지역을 발견하게 된다. 여기가 바로 상하이의 전통 주거양식인 농탕(弄堂)이다. 어떤 이는 현대식 건물과 전통 거주 지역이 함께 섞여 있는 '부조화속의 조화'의 모습을 보고 완전히 다른 두 개의 세계가 공존한다고 말하기도 한다.

농탕은 상하이 개항 이후에 발전하기 시작한 상하이 주민의 주거방식으로, 베이징의 후통(胡同)과 같이 골목이라는 의미를 갖고 있다. 농탕을 둘러싸고 지어진 전통주택에는 근대를 살아온 상하이런의 삶의 모습과 근대 중서 문화의 융합과 변화 발전의 모습까지 고스란히 담겨 있다. 베이징의 후통이

원·명·청 시대의 산물이라고 한다면, 상하이의 농탕은 아편전쟁 이후 조계지 제도에 따른 중서 문화가 서로 융합되고 교차된 산물이라고 할 수 있다. 베이징의 전통 주거양식인 쓰허위앤(四合院)은 네 면이 높은 담장으로 둘러싸여 있으며, 북방 농촌 주민을 위한 거주 양식으로 가정단위의 전통생활과 농업경제와 연결되어 있다. 베이징의 쓰허위앤이 폐쇄성과 전통적인 형식을 중시했다면, 농탕은 길을 따라 옆으로 쭉 늘어서 있으며, 농탕 안에 있는 가옥이 서로 연결되고 밖을 향해 열려 있는 개방형의 문화 의미를 함축하고 있다.

농탕의 출현

농탕의 탄생도 상하이의 조계지 제도와 긴밀히 연결되어 있다. 1842년 난징조약 체결 후, 중국인과 외국인 주거지가 분리되어 통치되는 조계지역을 형성하게 되었는데, 초기에는 조계지에 사는 중국인은 극소수에 불과했다. 1851년 태평천국의 난이 발발하면서, 강남지역과 상하이 주민이 신변안전을 위해 조계지로 숨어 들어오면서, 조계지에 중국인이 폭증하게 된다. 영국 조계지 내 중국인이 500명에서 20,000명으로 폭증하면서 주택 부족 문제가 생기게 되었다. 수요가 공급을 웃돌다보니, 땅값이 폭등하면서 부동산은 호황을 맞게 되고, 서방열강이 상하이에 부동산 회사를 설립하면서 건축물에 대거 투자하게 된다. 당시 서양 건축업자가 토지를 효율적으로 이용

농탕

하면서도 건축비를 절감하기 위해, 유럽식 연립주택형 목재 건축물을 지어, 조계지로 들어온 중국인에게 거주지를 제공하게 된다. 이때부터, 조계지 내 중국인과 외국인의 혼합 거주 지역이 생기게 되었다. 그러나 목조 건물은 화재의 위험이 있어, 다시 벽돌과 목재를 혼합한 구조로 대체되면서, 영국 조계지까지 확대되었다. 20세기 初, 서방의 강철콘크리트 건축 자재가 중국에 들어오면서, 새로운 건축 형태의 농탕 양식이 생기게 되었다. 서양에서 건축을 전공한 유학생들이 상하이로 돌아와 농탕 건축물에 투자하기 시작하면서 농탕 건축물은 빠르게 발전하면서, 상하이의 주요 거주공간이 된다.

100여 년의 역사를 거치며 상하이는 점차 고급 별장식 주택(花园洋房), 아파트, 농탕 주택, 천막식 주택 4종류로 구분되면서, 상하이의 주거 건축물은 도시 사회의 계층 구조를 보이게 된다. 황푸장 서쪽인 푸시(浦西)에 집중된 고급 별장식 주택은 외국인, 관료, 자본가 등 기득권자들의 거주지였다. 아파트 주택은 수입이 괜찮은 일반 직원, 상인 등 중산층이 살았다. 농탕 주택은 대부분의 일반 시민들이 거주하는 곳이었으며, 천막식 주택은 사회 기층민인 노동자들이 거주하는 곳이었다.

통계에 따르면, 1950년 상하이시 실용 건축면적 가운데 거주 면적의 9.5%는 고급 별장식 주택이, 4.3%는 아파트가, 72.5% 농탕 주택이, 13.7% 천막식 주택이 차지했다.

1949년까지 이러한 농탕형의 건축물은 상하이시 전체의 약 65% 이상을 차지했다고 한다. 다시 말하면 상하이 주민 65% 이상이 농탕 건축물에 거주했다는 것을 의미한다. 농탕식 거주 양식은 조계지 전역에 확산되었으며, 각기 다른 이국적인 색채를 더하게 된다. 여기에 필요에 따라 새로운 요소가 가미된 다양한 농탕 건축양식이 생기게 된다.

스쿠먼은 가장 대표적인 농탕 건축물

농탕 가운데서도 라오상하이(老上海) 시민의 전형적인 주거 양식이 스쿠먼(石庫門)이다. 스쿠먼 농탕은 가장 오래된 그리고 가장 대중화된 농탕 건축양식으로 상하이 거주 문화 특징을 잘 보여준다. 스쿠먼은 화강석 또는 닝보 지역의 홍색 벽돌로 문의 틀을 만들고, 문 양쪽에 반원형, 삼각 혹은 장방형의 문기둥을 만들면서 스쿠먼이라는 명칭을 갖게 된다. 문에는 그리스, 로마, 르네상스 시대의 조각 혹은 중국식 문양을 새겨 넣었다. 당시 농탕 건축물은 경제적 실용성, 기능의 합리성을 추구하는 한편, 전통생활 방식의 여유도 남겨놓았는데, 이는 동서 융합의 특징으로 볼 수 있다.

스쿠먼 주택은 평면구조로 중국 전통가옥인 '쓰허위앤'에서 변형된 것이다. 쓰허위앤은 점용 면적이 넓고, 시공 기간이 길다보니, 수요가 많지 않았고, 또 서양식 가옥은 가격이 너무 비쌌다. 이렇게 해서 1870년대를 전후해 중서 양식을 융합한 가옥 구조 스쿠먼이 생겨나게 된다.

농탕은 봉건시대의 성곽과 달리 길을 향해 문을 열어놓는 구조를 갖고 있었으며, 보통 큰 길과 통하는 두 세 곳의 출입구가 있었다. 베이징의 쓰허위앤은 4대가 함께 생활하는 대가족 거주 공간이나, 농탕의 방 구조는 소규모의 핵가족이 생활하기에 적합하도록 되어 있어, 과거 전통적인 주거 사회 구조를 변모시켰다. 농탕에 사는 주민은 대가족에서 떨어져 나온 핵가족으로 혼자 생계를 책임져야 했다. 농탕에서 방 한 칸을 빌릴 수 있어, 여러 가구가 한 건물에 같이 거주하기도 했다.

보통 스쿠먼 1층은 상점이었는데 대부분 일상생활과 연결된 쌀집, 기름집, 잡화점, 채소가게, 신발 수선점, 이발소 등이었다. 아침 일찍 상점에서 장을 보는 아낙네들에서부터 농탕의 진풍경은 시작된다. 골목에서 뛰어다니며 떠드는 아이들, 골목 우물가에서 빨래하면서 가족 대소사까지 모두 나눴던 아줌마들, 골목길 앞에 낮은 의자를 갖다 놓고 한가로이 이웃과 한담을 나누는 노인들, 그리고 두부 파는 사람, 조용한 밤에 야식 파는 소리……. 이렇게 농탕은 바로 상하이 사람들 삶을 투영하는 거울과도 같았다. 각기 다른 직업을 가진 다양한 사람들이 사는 모습을 그대로 보여주는 농탕은 '모든 것을 개방하고, 모든 것을 포용하는(海納百川, 有容乃大)' 상하이의 모습과 닮은꼴이다.

스쿠먼에서 피어난 문학

스쿠먼의 농탕 건축물은 방 세 개의 2~3층 가옥 구조가 대부분이었다. 안채와 사랑채 사이를 연결하는 복도가 있으며, 동서에 방이 있고, 뒤쪽에 주방이, 위층에 주인집이 있었다. 계단 사이에 골방이 있었는데, 이를 팅즈지엔(亭子間)이라고 했다. 팅즈지엔 사이에는 작은 베란다가 있어 옷을 말릴 수 있었다. 보통 집주인은 가족 없이 혼자 사는 사람이나 젊은 부부에게 팅즈지엔을 임대하곤 했다. 이곳은 햇빛이 잘 들지 않는 북향이어서, 겨울에는 춥고 여름에는 습하고 무더운 열악한 환경이지만, 임대료가 비교적 저렴하여 두세 명의 작가들이 10㎡도 되지 않는 곳에서 함께 생활하기도 했다.

1930년대 초 상하이 작가들은 대부분 외지에서 온 사람들이었다. 군벌전쟁이 발발한 베이징에서 도망 온 사람이거나, 1927년 장제스의 정변으로 상하이 조계지에서 피난 온 사람들이었다. 청나라 말기 과거제도 폐지 이후, 근대 중국 지식인의 뜻을 펼치는 길이 막히게 되었고, 제국주의의 침략으로 연해지역의 농촌경제가 파산지경에 이르자, 벼슬로 나아갈 수도 고향으로 돌아갈 수도 없는 상황에 이르게 된다. 적지 않은 문인들이 자신의 앞날을 고민하며 상하이에 표류하게 되었는데, 타향에서 자유로움을 느끼지 못했으며, 생활에 대한 압박도

팅즈지엔 문인들 – 루쉰, 궈머루, 마우뚠, 빠진(좌부터)

많았다. 이들은 시대를 잘못 만난 불운을 한탄하며, 자신의 고민과 사상을 문학과 학술사상에 반영했다.

'팅즈지엔 문인', '팅즈지엔에서 온 작가'라는 말이 통용될 정도로 팅즈지엔은 당시 상하이 문학을 형용하는 단어였다.

많은 저명한 문학가 루쉰, 궈머루, 마우뚠, 딩링, 빠진 등은 모두 팅즈지엔 문학가 출신으로 이곳을 글 소재로 삼기도 했다. 빠진(巴金)은 이곳 생활을 『멸망』이라는 소설에 묘사했다. 그는 침대에 누워 농탕 주인집에서 아내와 싸우는 소리를 자주 듣곤 했다고 묘사했다. 이렇게 팅즈지엔은 점차 상하이작가의 대명사가 되었고, 특히 좌익작가에게는 또 다른 '상아탑'과 같은 의미를 갖게 된다.

'새 하늘과 새 땅(新天地)'

2001년 생겨난 화이하이루 남쪽, 황피난루와 마당루 사이에 생겨난 '신티엔디(新天地)'는 상하이에서 빼놓을 수 없는 명소가 되고 있다. 신티엔디는 중국의 전통적인 스쿠먼 양식을 개조하여 만든 곳으로, 겉에서 보면 중국적인 전통 건축물 형태를 보이고 있으며, 안으로 들어가면 서양식 레스토랑, 바, 커피숍 등 유럽에 있는 노천카페에 있는 느낌을 준다.

신티엔디는 말 그대로 '새 하늘과 새 땅'이라는 뜻이지만, 이 명칭은 신티엔디 옆에 위치한 제1차 중국 공산당 대회 개최지인 '중공일대회中共一大会址'에서 따온 것이다. '일一'자를 '대大'자 위에 붙여 '천天'으로 '지地'는 '지址'와 동일한 의미로 쓰여 새로운 '천지天地'라는 뜻의 신티엔디(新天地)라는 명칭을 갖게 된다. 그러나 지금은 명칭의 역사적인 의미보다는 '새 하늘과 새 땅'처럼 완전히 변신한 이곳을 상징하는 말로 통한다.

신티엔디는 홍콩 루이안(瑞安)그룹이 18억 위안을 투자하여 1999년에 착공하여 2001년에 완공했다. 예전 프랑스 조계지였던 타이창루와 싱예루 일대 스쿠먼의 낡은 집을 허물고 52만㎡ 면적에 말 그대로 '새로운 땅'을 조성했다. 신티엔디는 상하이 시민 생활의 특징을 가장 잘 보여주는 전통적인 스쿠먼 주택을 개조하여, 우아하고 고급스런 쇼핑과 문화의 거리로 재탄생된다. 신티엔디 입구 가장 좋은 목에 자리 잡고 있는 스타벅스 커피 전문점에서부터, 거리 안쪽에 쭉 이어져 있는 서양식 레스토랑과 바, 명품 브랜드 상점까지 서구 문화가 전통적인 스쿠먼 농탕에 결합되었다.

신티엔디는 상업적인 논리로 봤을 때는 대성공한 것으로 평가받는다. 왜냐하면 '신상하이(新上海)'의 핵심인 화려함, 조명 빛, 서양적인 요소를 갖췄을 뿐만 아니라, 여기에다가 '라오상하이(老上海)'의 정취까지 갖추고 있기 때문이다. 신티엔디는 외국인에게 보여주는 상하이이며, 중국인에게는 외국을 보여주는 곳이 되고 있다.

그러나 일부 지식인들은 신티엔디를 '짝퉁거리'라고 신랄히 비판하기도 한다. 전통과 현대, 중국과 서양을 합쳐놓은 문화를 상징한다고 하지만, 이 모든 것은 돈으로 만들어 놓은 가짜 문화라는 것이다. 진짜 건축물과 그 속에 녹아있는 전통 문화를 허물고 가짜 건물을 덧입혔으니 이것이야말로 짝퉁거리가 아니냐고 반문한다.

스쿠먼 박물관인 우리샹

신티엔디에는 예전 상하이의 스쿠먼 농탕 양식을 재현해 놓은 스쿠먼 박물관 오픈하우스인 '우리샹(屋里厢)'이 있다. 우리샹은 상하이 방언으로 집이라는 뜻이며, 통상 '이웃집 마실 오다'라는 뜻을 가지면서 오픈하우스로 불리게 되었다. 우리샹은 이곳에서 태어나 성장한 상하이런에게 아련한 추억을 불러일으키는 장소이다. 전시관 3층에는 스쿠먼의 과거 모습, 개발 과정과 상하이런의 삶을 사진 형태로 전시해 놓고 있다. 그리고 사진 밑에 붙어있는 설명에는 전통과 현대를 결합한, 중국과 서양의 요소를 결합한 성공적인 도시개발 성과라고 표현되어 있다.

처음 신티엔디와 스쿠먼 박물관에 갔을 때는 그 설명 그대로, 전통가옥을 철거하지 않고, 전통의 가치를 유지하고 여기에 상업적인 투자를 통해 이렇게 성공적으로 재탄생시켰다는 점, 게다가 이제는 상하이 관광 코스에서 빼놓을 수 없는 명소로 만들었다는 데 놀라지 않을 수 없었다. 그러나 신티엔디를 방문할 때 마다 그곳이 전통과 현대가 어우러진 문화의 거리라기보다는 그저 특색 없는 편안한 노천 카페거리와 다를 바 없다는 느낌을 받을 때가 있다. 어쩌면 일부 비판론자들의 말처럼, 신티엔디는 겉은 번지르르하고 화려하게 장식되었지만, 그 속에 진짜 알맹이가 되어야 하는 스쿠먼 농탕의 생생한 삶의 모습들은 이제 빛바랜 옛 사진이 되어 전시관 벽에 걸려있다.

상하이 경제, 세계를 향해 당겨진 화살

2008년은 중국 개혁개방 30주년이자, 상하이 푸둥 개발 18주년의 의미 있는 해이다. 중국 역사의 물줄기를 바꾼 1978년 개혁개방에 대한 논의와 평가가 이어지는 가운데, 상하이에서는 푸둥 개발 18주년, 이제 성년식을 치른 푸둥의 과거와 현재 그리고 미래에 대해 고민하고 있다.

푸둥은 상하이 황푸장 동쪽 지역으로 남쪽으로는 항저우만(杭州湾)을 접하고, 북쪽은 창장 입구, 서쪽으로는 황푸장에 접하고 있다. 푸둥 신구는 금융 중심지인 루자주이(陸家嘴) 개발구, 와이까오차오(外高橋) 보세구, 진차오(金橋) 수출가공구, 창장(張江) 하이테크 개발구 등으로 구성되어 있다. 푸둥 개발의 규획 범위는 푸둥 신구인데 약 570㎢로 상하이시 전체의 10%

면적에 해당된다. 1990년 푸둥 개발이 시작 되었을 때, 이 지역의 산업 생산액은 177억 위안으로 전체 상하이시의 9분의 1에 불과했다. 그러나 2007년 기준 푸둥 신구 경제 총량은 2,750억 위안에 달하며, 상하이시 전체 GDP의 4분의 1을 차지하고 있다. 이뿐 아니라, 상하이시 전체 교역의 절반 가까이가 푸둥 신구를 통해 이뤄지고 있다. 또한 외국인 투자유치액은 상하이 전체의 42%를 차지하고 있다. 이렇게 보면, 상하이 경제를 떠받치고 있는 양대 축인 무역과 투자유치의 절반을 푸둥 신구에서 담당하고 있다. 18년이라는 짧은 시간 동안 푸둥은 개혁개방의 창으로, 자본주의 실험대로 말 그대로 놀라운 성과를 거듭해 왔다.

상하이 경제개발 전략의 설계자, 덩샤오핑

중국말에 "길을 가다보면, 그 길을 가르쳐준 사람을 기억하게 된다(走过一段路,想起指引人)."는 말이 있다. 그렇게 보면, 상하이 경제의 오늘날의 성과는 그 길을 제시하고 이끌었던 덩샤오핑의 전략을 빼놓을 수 없다.

중국의 개혁개방은 1980년대 상반기 농촌에서 시작되고 난 후 1980년대 중반에서야 도시로 확대된다. 1984년 선전, 주하이, 산터우, 샤먼 등이 5개 경제특구로 지정되고, 상하이는 연해 지역 14개 개방도시에 포함된다. 그런데 개혁개방 이후로 상하이의 경제 지위는 급속히 하강한다. 개혁개방 전만 해도

GDP, 수출총액, 재정 수입 등 모든 분야에서 전국 1위를 차지했던 상하이가 개혁개방 이후 경제성장률이 전국 평균의 절반에 그치는 등 경제 전반적으로 매우 부진한 상황에 처한다.

1988년부터 1994년까지 덩샤오핑이 상하이에서 춘지에(春節, 음력설)를 보낸다는 소식이 전해지더니, 1988년 베이징에서 열린 '푸둥 개발 국제 심포지엄'에서 당시 상하이 당서기인 주룽지 시장은 '경제 중심이자 대내외 중심 기능으로서의 상하이 건설'을 강조한다. 그 이후로 덩샤오핑은 중앙 정부 지도자들에게 상하이의 대외개방에 관심을 갖도록 여러 차례 주문한다.

덩샤오핑의 마지막 히든카드

한번은 덩샤오핑이 당시 장쩌민 상하이 시장, 리펑 총리 등 주요 지도자들과 경제의 지속적이면서도 빠른 발전을 강조하면서 다음과 같은 이야기를 했다고 한다. "상하이 푸둥 개발 조치는 매우 중요하다. 상하이가 마지막 히든카드다. 상하이를 통해 전국의 경제가 발전할 수 있는 첩경을 만들자." 그 후 얼마 지나지 않아, 1990년 4월 중앙정치국 회의에서 푸둥 개발 정책을 만장일치로 통과시키고, 이어서 국무원은 상하이 푸둥 개발을 국가급 프로젝트로 추진한다고 전격 선언하면서, 상하이는 재도약의 역사적인 기회를 얻게 된다. 1990년 9월 국무원은 푸둥 와이까오챠오(外高橋) 설립을 비준하면서 푸둥 개발이 본격화되고 외국인 투자유치를 활성화하기 위해 각종 세금 우대정책을 제공하게 된다.

1991년 겨울 덩샤오핑이 상하이에 방문했을 때 당시 주룽지 시장에게 다음과 같이 이야기했다. "상하이 개발이 늦었지만, 열심히 잘 해야 한다. 사실 1984년 5개 경제특구를 지정할 때 지리적인 것만을 고려했다. 선전(深圳)은 홍콩과 붙어있고, 주하이(珠海)는 마카오 옆에 있고, 산터우(汕头)는 동남아 차오저우사람(潮州人)이 많고 샤먼(厦门)에는 민난사람(閩南人)들이 외국상인과의 경험이 많았다. 그런데 상하이의 인재 우위는 생각지 못했다. 상하이 인재들은 똑똑하고, 문화수준이 높다. 그때 상하이를 경제특구에만 포함시켰다면 지금과 같지는 않았을 것이다. 푸둥이 선전 경제특구처럼 일찍 개발만 되었어도 좋았을 텐데……. 푸둥 개발은 그 파급 효과가 매우 크다. 푸둥 개발은 푸둥에만 국한된 것이 아니고, 상하이의 핵심 지위를 통해 창장 삼각주와 창장 유역을 발전시키는 데 연결되어 있다. 푸둥 개발은 반드시 흔들림 없이 완수해야 한다." 그리고 덧붙인 한마디. "우리가 극복해야 할 것은 '두려움'이라는 단어뿐이다. 용기를 내라."

상하이 개발의 기폭제

1992년 초 덩샤오핑은 선전, 상하이, 우창 등 남부지역을 시찰 지역으로 정하고 남순강화南巡講話를 하게 된다. 당시 덩샤오핑은 1989년 천안문 사태 이후 개방 노선에 동요가 일게 되자, '중단 없는 개혁개방'을 강조하며 돌파구를 찾아야 했다. 남순강화는 중국 개혁개방을 재점화했다는 데 역사적으로 큰 의미를 갖고 있을 뿐 아니라, 상하이 발전에도 큰 기폭제가 된다. "지난날을 되돌아 볼 때, 나의 가장 큰 실수는 5개 경제특구를 정할 때, 상하이를 포함시키지 않았다는 것이다. 그렇지 않았더라면, 현재의 창장 삼각주와 전체 창장 유역은 물론 중국 개혁개방 국면도 지금과 다를 텐데."라며 소회를 밝혔다. 그리고 덩샤오핑은 강조했다. "중국의 미래는 상하이에 달려있고, 상하이의 미래는 푸둥에 달려있다. 상하이가 개혁개방의 성과를 입증하고, 중국 경제발전을 일으켜 세울 수 있는 마지막 기회다."라고. 이렇게 푸둥 신구 개발은 '세계를 향한, 21세기를 향한, 현대화를 향한'이라는 기치하에 상하이를 21세기 경제 중심이자, 태평양 연안의 금융·비즈니스 허브로 만들겠다는 원대한 구상에서 출발했다.

역사적으로는 일찍이 쑨중산 선생이 푸둥을 시찰할 때, '건국방략'에서 동방의 세계 대항구 건설계획을 세운 적이 있으며, 1929년 국민당 정부가 '신상하이계획'을 마련한 적이 있으나, 푸둥 개발은 오랫동안 계획만 몇 차례 수립되고 정작 실현되지 못하고 있었는데, 이제 그 오랜 숙원인 재도약의 발판을 마련하게 된 것이다.

1992년 10월 14대 전국인민대표에서 "푸둥 개발을 중심축으로 하여 창장 삼각주와 창장 유역 경제의 비약적인 발전을 이끈다."는 지침을 마련하고, 상하이가 국제적인 영향력을 갖춘 경제, 금융, 무역 중심이 된다는 전략을 제시했다. 푸둥 개발은 이렇게 하여 실질적인 발전 단계에 진입했다. 상하이의 발전은 비단 상하이에만 국한되는 것이 아니었다. 중국경제의 허리와도 같은 창장유역 발전을 이끌고, 중국경제의 재도약을 이끌기 위한 역사적인 전략적 설계가 확정된 것이었다.

상하이 발전의 새로운 전기

푸둥 신구의 본격적인 개발과 함께 상하이의 도시건설과 발전도 새로운 전기를 맞이하게 된다. 상하이는 그동안 황푸장을 사이에 두고 양안이 균형적으로 발전하지 못하고, 푸시(浦西, 황푸장 서쪽) 발전에 치중해 있었다. 심지어 상하이 시민들 사이에는 "푸둥에 집 한 채 있는 것보다 푸시에 있는 침대 한 칸이 낫다."는 말이 있을 정도로 당시 푸둥은 개발이 안 된 허허벌판이었다. 그런데 개발을 시작하자 푸둥에 고층빌딩이 하나둘씩 지어지기 시작하면서 지난 40여 년간 정체되어 있던 상하이 곳곳은 건설현장으로 변한다. 1991년 황푸장을 연결하는 전체 길이 8,346m의 난푸대교(南浦大桥)가 개통되면서 푸둥 개발은 새로운 국면을 맞이하게 된다. 번화한 화이하이루(淮海路)는 지상·지하 모두 개조건설에 들어갔으며, 그해 말까지 전 구간을 개통하며 중국 제1의 쇼핑거리로서의 새로운 면모를 갖추게 된다.

상하이의 발전은 유리한 지정학적인 요인, 창장 유역의 배후 단지뿐만 아니라, 높은 문화수준과 선천적으로 경제 유전자를 타고난 상하이의 우수한 인재가 더 중요한 요인으로 꼽히고 있다. 상하이가 생기를 회복하고 수천 개의 마천루가 들어서면서, 마술같이 변해가는 푸둥과 상하이 곳곳은 수많은 빛깔을 만들어 가고 있다. 중국 내 유일한 금융개발구인 상하이의 루자주이 개발구에는 아시아 최고 빌딩인 진마오다사(金茂大厦)가 하늘에 닿을 듯이 우뚝 솟아 있고, 패션 1번지인 화이하이루의 쇼윈도는 마치 파리와 뉴욕의 패션을 그대로 옮겨온 듯한 느낌을 준다. 어떤 이는 빛의 속도로 변화하고 있는 상하이의 발전에 대해 '푸둥의 신화'라고도 하고, 김정일 국방위원장의 말처럼 '천지개벽'이라고도 한다. 이렇게 상하이 경제가 다시 부흥의 활력을 찾으면서, 예전 '동방의 파리'의 화려함과 옛 꿈을 찾으려는 '상하이 드림'도 다시 이어지고 있다.

'배를 빌려 바다로 나아가자(借船出海)'

상하이가 갖고 있는 역사적인 아이러니처럼, 푸둥 신구도 '배를 빌려 바다로 나간다(借船出海)'라는 외세 활용의 개방전략을 통해 큰 성과를 거두게 된다. 푸둥 신구 개발에서 가장 눈에 띄는 점은 바로 이러한 개방 전략을 실행하기 위해 외국인 투자유치를 성공적으로 활용했다는 점이다.

그래서인지 푸둥 신구를 배우려는 우리나라 투자유치 공무원들의 발길이 끊이지 않는다. 얼마 전에는 어느 지자체 공무원이 "상하이는 필요 없고, 그저 푸둥 신구만 배우고 오면 됩니다."라고 전화로 요청한 적이 있을 정도다. 상하이에 와서 푸둥만 배우고 가겠다는 말에서처럼 투자유치를 만들어 내야 하는 한국에서 푸둥 신구가 갖는 의미는 더욱 특별한 듯하다. 매번 푸둥 신구 관리위원회를 방문해서 설명을 들을 때면, 담당 주임은 푸둥의 개발 과정과 성과를 자랑스럽게 소개한다. 1990년대 초만 해도 황량한 벌판에 불과했던 곳이 이제는 다국적 기업의 집산지이자 상하이의 경제 엔진으로 변모한 이야기를 들으면 모두 입을 쩍 벌리게 된다. 특히 투자유치를 위한 각종 우대 혜택은 차치하더라도, 기업을 위해 복무服務한다는 푸둥 공무원들의 세일즈맨을 방불케 하는 서비스 태도는 이곳을 방문한 사람들한테 적지 않은 자극을 주고 있다. '전심을 다해 인민을 위해 복무해야 한다(爲人民服務)'는 마오쩌둥의 사상은 오늘날 '기업을 위해, 시장경제를 위해 복무하는' 실용주의로 변모한 듯 하다.

푸둥의 또 다른 고민

지난 18년 동안 푸둥은 눈부신 성과를 일궈냈다. 18년 전 아무것도 몰랐던 갓난아이에서 이제는 전도가 촉망되는 건장한 청년으로 변모했다. 그러나 성년에 겪게 되는 정체성의 위기, 무한한 가능성 뒤에 느껴지는 불확실성의 두려움이 어쩌면 지금 푸둥 신구가 직면하고 있는 또 다른 고민일지도 모른다. 2005년 '제2의 푸둥 개발'을 선언하며, 중국 내 최초로 '종합 개혁 시범구'로 지정되면서, 자체적으로 현지에 맞게 새로운 정책을 입안하고 시행할 수 있도록 자율권을 부여받았다. 상하이는 정부의 기능을 전환하고, 경제운용효율을 제고하여, 기존의 제조업 위주의 경제에서 고부가가치 서비스 경제로 탈바꿈하려는 중요한 전환기에 놓여 있다.

푸둥의 고민과 위기감은 자체적인 위기감뿐 아니라 외부에서 오는 것이기도 하다. 지금 중국에서는 중부굴기中部崛起, 톈진(天津), 빈하이(濱海) 신구를 포함해서 각 지역별 발전 계획이 쏟아져 나오면서 중국 내에서도 푸둥 신구의 향후 발전에 대해 의구심을 제기하는 목소리가 작지 않다. 게다가 2008년 1월 1일부터 중국의 신新기업소득세법 실시에 따라, 기존에 중국기업이 33% 부담했던 것에 비해 외국기업이 15~23%의 기업소득세만 냈던 것이, 올해부터는 외국기업들도 25%의 통일세율을 따라야 한다. 이렇게 되면 그동안 국가급 경제개발구가 갖고 있었던 최대 유인책인 세제 인센티브가 사라지게 되었다. 이는 비단 푸둥 신구뿐만 아니라 중국 내 많은 개발구들이 동일하게 직면하게 되는 문제이다.

위정성(兪正聲) 상하이 당서기는 "푸둥 개발이 상하이 발전에 여전히 중대한 영향을 미친다."며 "앞으로 발전과정에서도 푸둥이 여전히 상하이 개혁개방의 선두지역이 될 것이고, 상하이의 발전을 이끌어가는 핵심지역이 될 것"이라고 강조하고

양산항과 동해대교

있다. 과연 푸둥이 차기 성장 동력을 어디서 찾을지 지켜볼 일이다.

물류 혁명의 현장인 양산항

푸시에서 출발한 지 2시간여 만에 양산항에 도착했다. 상하이가 서울의 10.5배나 되니 넓기도 넓어서였겠지만, 이제는 서울 못지않은 극심한 교통체증 때문에 미리 시간을 염두에 두지 않으면 초행길에는 시간을 놓치기 십상이다. 일찍 출발한다고 나왔는데 고가도로 위로 가득 메운 차들과 비와 구름이 뒤섞인 날씨 때문에 가는 길이 순탄치 않았다. 게다가 운전기사도 길을 헤매는 통에 어렵사리 양산항을 연결하는 동해대교 앞에 도착했다. 말로만 듣던 32.5km 길이의 동해대교는 정말 '바다 위의 다리'라는 느낌이 안들 정도로 아득하게만 느껴졌다. 바다 위를 가로질러 넓게 휘어진 S자형 대교를 건너는 데만 30분이 걸렸다. 게이트를 지나서 돌산을 끼고 올라가 전망대에 도착하니 개장한 물류 선석과 컨테이너 야적장과 크

레인이 저 멀리 한눈에 들어온다.

우공이산의 정공법

세계 최대 항만이 되겠다는 야심작인 양산항은 어떻게 개발하게 되었을까? 개혁개방 이후 상하이와 창장 유역의 경제가 빠르게 발전하면서 상하이 물동량도 급증한다. 특히 상하이항의 물동량은 푸둥 신구가 개발하기 시작한 1990년 이후 증가세가 뚜렷하게 나타난다. 상하이항의 컨테이너 물량은 1989년에는 35만 TEU(Twenty-foot Equivalent Units의 약자로 약 20피트 길이의 컨테이너를 말한다)에 불과했으나, 2007년에는 무려 2,600만 TEU를 초과하여 무려 74배 증가했다. 상하이 물동량의 절반을 담당하고 있는 푸둥 지역은 상하이가 물류 허브로 발돋움하는 데 중요한 계기가 되었다.

기존 상하이항은 수심이 낮아 늘어가는 대형 컨테이너 물동량을 처리할 수 없게 되었다. 이에 따라 중국 내 환적화물이 상하이를 거치지 않고 다른 곳으로 경유하는 경우가 많았다. 대형 컨테이너선이 접안하려면 최소 12m 이상의 깊은 수심이 유지되어야 하는데, 상하이항은 창장의 토사가 진입항로에 퇴적되어 창장과 바다의 접경지역 수심이 7.5m밖에 되지 않아 대형 선박이 입안하지 못하기 때문이다. 상하이시는 준설작업을 통해 수심을 높이기 위해 노력한 끝에 수심이 12.5m까지 깊어졌으나, 여전히 물동량 처리에는 한계가 있었다. 상하이와 배후 지역인 창장 삼각주의 물동량이 갈수록 급증하면서 환적물동량을 한국과 일본으로 내주게 되었다. 상하이시는 수심을 유지할 수 있는 묘책을 생각하다가 무려 육지에서 32km 이상이나 떨어진 섬을 아예 통째로 항구로 개발하기로 한다. 이것이 바로 소양산도와 대양산도를 개발하는 양산 심수항 프로젝트이다. 애초 개발에 반대가 있었던 것도 사실이다. 기존 인근 항구와 물류협력이 되어야 하는데, 양산항을 독불장군처럼 대규모로 투자하여 건설하다보니 터줏대감 역할을 하던 닝보항 등 인근 항구 위상이 흔들리게 되었다. 그런데도 상하이 정부가 끝까지 밀어붙인 것은 앞으로 상하이가 먹고 살아갈 업종은 제조업이 아니라 서비스업이고 그 중에서도 금융, 물류의 허브가 되어야만 진정한 경제 중심으로 우뚝 설 수 있다는 판단 때문이다.

수심이 낮다는 치명적인 제약, 그리고 물류 인프라가 부족하다는 장애요인에 굴복하지 않고 아예 방해 요인을 통째로 제거해버리는 정공법正攻法을 쓴 것이다. 어쩌면 우공이산愚公移山이라는 말이 양산항에도 해당되는 게 아닐까?

양산항 개항 후 물동량 급증

전망대에서 한눈에 들어오는 양산항 터미널을 바라보며, 담당직원의 설명을 듣는다. 양산항은 2002년 3월에 공사를 시작해서 3년 반인 2005년 12월 5개 선석을 갖춘 1단계 터미널을 개장했다. 이어서, 2006년 12월 10일 추가로 4개 선석으로 이뤄진 2단계 터미널이 개장되었고, 2007년 12월 10일에는 4개 선석의 3단계 A 터미널이 문을 열었다. 2008년 현재 양산항에는 총 13개의 선석이 운영되고 있으며, 2008년 중에 또 4개 선석이 추가될 예정이다.

양산항은 개항 2년 만인 2007년에 연간 컨테이너 처리 실적 600만 TEU를 돌파했다. 양산항 관계자에 따르면, 2007년 한 해 동안 610만 8,000TEU를 처리했으며, 이는 2006년 대비 무려 88%나 급증한 것이다. 예상에 따르면, 2008년에는 1400만 TEU를 돌파해, 130% 증가할 것으로 전망되고 있다.

이렇게 물동량이 급증한 것은 연차별 항만 확충 계획에 따라 차질 없이 선석이 개장된 데에 힘입은 바가 크다. 그러나 다른 한편으로는 항만당국의 '중국특색의 사회주의적'인 선사 전배가 일부 영향이 있었을 것이라는 분석이다. 즉, 기존에 와이까오차오 터미널에 기항하던 선사를 사실상 '반강제적'으로 양산항으로 옮기도록 하는 방식으로 양산항의 가동률을 높였다는 것이다. 그리고 양산항, 동해대교 통행료 등 원가 상승 부담을 느낀 물류업체를 유인하기 위해, 어느 시점까지는 통행료를 면제해 주는 등 당근 전략도 아끼지 않았다. 그동안 3년 반 정도의 시간을 거쳐 가동에 들어간 양산항은 이러한 여러 가지 노력과 투자를 통해 어느 정도 자리를 잡게 되었으며, 인근 국가의 물류에 위협적인 존재로 불쑥불쑥 솟아 오르고 있다.

그런데 한편에서는 양산항이 너무 과대평가되었다는 거품 논란이 있기도 하다. 당초 계획초기에 나왔던 양산항의 계획안이 점차 축소되고 변경되는 것은, 상하이방(上海幇)의 대표주자인 장쩌민 전 국가주석과 주룽지 전 총리가 정계에서 물러나면서 상하이가 다시 중앙정부의경계의 대상으로 떠오르는 요즘, 예산확보와 계획대로 추진하는 데에 한계가 있을 것이라는 추측이다. 처음 양산항 프로젝트가 나왔을 때에는 대대적인 홍보가 끊이지 않았다. 앞으로 2010년까지는 30개 선석을 완비해 1,500만 TEU 처리, 2020년까지 50개 선석을 완비해 2,500만 TEU 처리 등 장기적인 마스터플랜을 내보였던 것으로 기억된다. 그런데 몇 차례 양산항을 방문할 때마다 장기 계획에 대해서는 변동 가능하다는 말로 대신하며 구체적인 수치를 꺼려하고 있다. 어쩌면 이것은 지금 중앙정부에 힘 있는 상하이방이 없다는 점이 한 요인이 될 수도 있을 것이다. 후진타오 주석의 후계자 가능성에 조심스런 전망이 나오는 시진핑 부주석은 상하이 당서기 출신이지만 재임기간이 1년도 채 못 되는 짧은 시간이어서 든든한 상하이방이라고 보기가 어렵다. 또한 후진타오 주석이 베이징을 떠받들 수 있는 경제의 배후단지로 톈진 빈하이 신구를 적극 개발하고 있어, 사실 중앙정부의 정책적 지원을 충분히 받기는 어려운 상황이다. 그러나 불가능할 것만 같았던 양산항 프로젝트는 지금까지 수많은 벽에 부딪히면서도 진행되고 있는 것을 볼 때, 앞으로 양산항은 또 어떤 모습으로 변화될지 궁금해진다.

대역사大役事로 기록될 상하이 엑스포

2002년 12월 3일 상하이가 대한민국 여수를 최종 결선 투표에서 54표 대 34표로 이기고 2010년 엑스포 개최권을 손에 쥐었다. 2010년 상하이 엑스포는 중국의 지속적인 발전을 이루는 중요한 분기점이 될 것이고, 2008년 베이징 올림픽에 이어 경제성장의 모멘텀을 이끌어가는 국가적인 행사가 될 것으로 예상되고 있다.

엑스포 개최권을 획득한 지 4년 이상 지난 현재, 준비현황을 알아보기 위해 엑스포 사무 협조국 저우센창(周先强) 부부장을 만났다. 푸시에 있는 사무실을 출발하여 난푸대교(南浦大桥)를 건너 푸둥에 있는 엑스포 조직위에 도착했다. 도착하자마자 부부장은 반갑게 맞이하며 1층 엑스포 모형관으로 안내하면서, 엑스포 부지와 진행사항에 대해 자세히 설명을 한다. 2008년 4월 30일까지 엑스포에 참가하기로 한 지역과 국가는 205개로 관람객은 물론이고 여러 분야에서 '최초', '최대'의 수식어가 곁들어질 것으로 예상된다.

이번 상하이 엑스포가 역대 엑스포와 가장 크게 다른 점은 엑스포 역사상 최초로 시 중심을 부지로 확정했다는 점이다. 상하이 엑스포 부지는 상하이시를 관통하는 황푸장에 자리 잡고 있으며, 면적은 총 5.28㎢(푸시지역 1.35㎢, 푸둥지역 3.93㎢)로 엑스포 역사상 최대 면적이라는 기록을 세울 전망이다. 기존 황푸장 주변 지역은 빈민 지역이었으나, 이번 엑스포를 통해 완전히 새롭게 조성되고 있다. 이에 따라 현재 황푸장 주변의 중공업기지는 교외 지역으로 이전 중이며, 황푸장 양변에 주거하던 18,000명의 주민은 신규 아파트 단지로 이전 중으로 2008년 말까지는 모든 이전 작업이 마무리 될 전망이라고 한다. 재개발 지역 주민들은 정부에서 무료로 지어진 새 아파트를 갖게 되어 너무 좋아한다며 이번 엑스포 부지 조성의 성공적인 준비상황에 대해 강조한다. 사실 황푸장 지역의 재개발 사업은 중국이기 때문에 가능한 것이라는 생각이 들었다. 기존에 있던 중공업 기지와 주민을 일사천리로 이전시키고 시내 한복판을 재개발하는 것이 중국이 아닌 다른 곳이라면 그렇게 신속하게 진행될 수 있었을까. 모형관을 둘러보면서 자세한 소개를 들은 후 엑스포 사무국 건물 옥상으로 올라가 현재 부지가 조성되는 현장을 바라봤다. 공사가 한창 진행 중인 곳과 한국관 부지를 가리키는 손끝을 바라보며 앞으로 불과 몇 년 후에는 상하이가 또 어떤 모습을 하고 있을지 알 수 없겠다는 생각이 들었다.

‘Better City, Better Life’, 184일간의 향연

2010년 5월 1일부터 10월 31일까지 184일간의 향연을 벌일 상하이 엑스포 주제는 ‘Better City, Better Life’이다. 글로벌화 추세 속에서 지속가능한 발전을 꾀하기 위해 생활터전이 갖는 ‘도시’의 의미는 매우 중요하게 부각되고 있다는 설명을 덧붙였다. 어떤 의미에서 본다면 중국의 경제를 대표하는 상하이의 성공적인 도시화 과정을 보여주고, 이것이 삶을 얼마나 윤택하게 만들었는지를 말해주기 위한 것이다.

저우센창 부부장은 2005년 아이치 엑스포에서 한국관이 '최우수 국가관'으로 선정돼 'Nature's Wisdom Awards' 금상을 받은 바 있다며, 한국관의 우수성을 인정하며, 상하이 엑스포에서도 '한류'와 한국 문화의 우수성이 엑스포 주제인 '도시'의 테마를 잘 구현해 줄 것을 재차 당부했다. 대한민국은 2007년 말 한국 국가관으로 공식 참가 의사를 전달했으며, 한국관의 부지는 A Zone인 아시아 국가관으로 일본관을 마주보는 자리로 확정됐다. 한국관 조성의 주관기관은 KOTRA에서 맡을 예정이다. 저우센창 부부장은 IT를 활용한 각종 인프라 사업에 한국 기업의 사업 기회 참여가 가능할 것이라며, 한류에 대한 중국인의 깊은 관심을 고려한 엑스포 한류 마케팅에 대해 덧붙였다.

엑스포 개최로 황푸장 개발도 탄력 받아

상하이 엑스포는 황푸장 종합 개발 계획과 연계 추진하면서, 세계 비즈니스 메카로서의 기반을 확충할 예정이다. 이번 엑스포를 통해 상하이는 2010년 1인당 GDP 10,000달러 달성을 목표로 하고 있으며, 엑스포 효과는 2008년 베이징 올림픽 이상의 경제 효과가 있을 것으로 예상되고 있다. 관람 예상 인원은 7,000만 명으로(2000년 독일 하노버 관람객 1,870만 명 초과) 엑스포 역사상 최대 관람객 신기록을 세울 것으로 전망하고 있다.

황푸장 개발 계획은 황푸장 남북으로 20km, 총 면적 1,330헥타르(13,223,200m², 여의도의 4배)를 조성해 국제경제, 금융, 무역, 항공운송 중심지로 육성하는 것을 주요 내용으로 한다. 현재 엑스포 직접 투자액은 30억 달러, 황푸장 종합개발계획 투자액은 120억 달러로 향후 상하이 엑스포 특수를 겨냥한 각종 비즈니스 기회가 형성될 것으로 전망된다. 상하이 엑스포 개최를 통한 직간접적인 경제 효과에 대해 저장대학 지역경제발전 연구센터의 천젠쥔 주임은 "개최 준비기간 동안 매년 상하이 GDP를 2% 이상 끌어올릴 것이며, 상하이 주변 창장 삼각주 지역의 투자를 30% 이상 끌어올리는 데 기여할 것이다. 2010년 상하이 GDP가 6.5% 추가 상승하도록 할 것이며 창장 삼각주 지역 투자를 30% 이상 증가시킬 것"이라고 분석하고 있다. 여기에다 일자리 창출, 그리고 보이지 않는 시민의식 제고 등의 효과를 따진다면 엑스포의 경제적 효과는 베이징 올림픽을 넘어설 것이라고 전망되고 있다.

상하이시는 이번 엑스포를 환경 보호에 초점을 맞춘 그린(Green) 엑스포로 치를 예정이다. 중국 경제가 그동안 양적인 성장에 치중했다면, 앞으로 환경 보호와 에너지 절약에도 초점을 맞추는 질적인 성장으로 전환하고 있는 것과 같은 맥락이다. 2007년 12월 중국의 경제 정책 향방을 결정짓는 중앙

경제 공작회의에서 2007년 12월 중국 경제가 기존에는 '우쾌우호又快又好'였다면 앞으로는 '우호우쾌又好又快'로 가야한다고 방향을 정했다. '쾌快', 즉 빠름의 속도 보다는 '호好', 즉 질을 강조하겠다는 것이다. 국가적 대형 이벤트라고 할 수 있는 엑스포 준비에서도 역시 '양보다 질'에 초점을 맞추고 있다는 점을 강조하고 있다.

엑스포는 상하이 지역경제성장과 문화발전, 사회 각 영역에 큰 영향을 미칠 것이다. 뿐만 아니라, 푸둥 발전에 가져다줄 엑스포의 긍정적인 효과에 대한 기대도 역시 마찬가지이다. 엑스포를 계기로 컨벤션 산업, 크리에이티브 산업, 물류 및 각종 현대 서비스업 발전을 촉진할 것이기 때문이다. 엑스포는 우선 준비기간의 인프라 투자와 건축업에 큰 수혜를 줄 것이고, 더불어 각종 소비와 관련된 요식업과 서비스업종에 수혜가 돌아갈 것이다.

'낡은 것을 타파하고 새로운 것을 세운다(破舊立新)'

엑스포 부지가 황푸장 양편을 끼고 있으며, 총 면적의 4분의 3이 푸둥 신구에 걸쳐 있다는 것은 엑스포가 상하이시 전체에 미치는 영향뿐만 아니라, 푸둥 신구에 미치는 직접적인 영향이 얼마나 큰지를 알려준다. 엑스포는 푸둥 신구에 새로운 도전의 기회이자, 또 다른 성장 동력이 될 수 있을 것이다. 이번 엑스포 개최는 푸둥의 발전을 푸시에까지 파급하고, 황푸장 양측에까지 연계될 것으로 보인다. 엑스포 개최 후 상하이는 푸둥, 푸시를 구분하는 기계적인 연합체가 아니라, 대통합된 상하이의 새로운 이미지를 형성해 나갈 것이다.

저우센창 부부장이 엑스포를 계기로 2010년 이후 황푸장 엑스포 부지는 옛 모습을 벗어 버리고 완전히 새로운 모습으로 변모할 것이라며, '포지우리신(破舊立新)'이라는 말로 비유한다. '낡은 것을 타파하고 새로운 것을 세운다'는 이 말이 의미 있게 다가온다. 이것이 김정일 국방위원장이 감탄했던 상하이의 천지개벽의 힘, 실용정신의 힘이 아닐까? 어쩌면 이것이 바로 오늘날 상하이를 이끌어 온 원동력일지도 모르겠다는 생각이 들었다.

지역본부 경제(Headquarter Economy)의 산실

상하이에 다국적기업이 몰려드는 것은 어제 오늘이 아니지만, 더 놀라운 사실은 다국적기업이 몰려드는 기세가 꺾이기는커녕 증가세를 보이고 있다는 점이다. 이미 세계 500대 기업가운데 마이크로소프트, NEC, GM, 폭스바겐 등 약 450여 개 기업이 상하이에 진출해 있고 이 가운데 150여 개가 푸둥에 자리 잡고 있다. 이뿐 아니라 상하이가 다국적기업의 지역본부로 부각되면서 지역본부 경제의 산실이자, 명실상부한 국제도시로서의 지위를 공고히 하고 있다.

상하이는 중국 내 지역본부가 가장 많은 도시이다. 시티뱅

크, 필립스, 코카콜라, HSBC, 알카텔, GE, 유니레버, 미쓰비시, 나이키 등 184개사의 지역본부가 상하이에 설치돼 있다. 2007년 한 해만도 다국적기업 지역본부 30개가 신규 진출했다. 한국에서는 다국적기업 지역본부 1개를 유치하기도 힘든데, 한해에 무려 30개사를 유치했다는 것은 참 대단하고 부러운 일이 아닐 수 없다.

다국적기업 지역본부가 상하이로 앞 다퉈 들어오는 데에는 상하이의 유리한 지정학적 위치를 빼놓을 수 없다. 상하이가 위치하고 있는 창장 삼각주 지역은 중국 최대 경제 발달 지역이자 세계 6대 메가급 경제권이다. 상하이 면적은 6,340㎢로 전국 면적의 0.06%이지만, 상하이가 끌어안고 있는 인근 지역경제과 배후시장의 영향력은 다국적기업이 군침 흘리기에 충분하다. 창장 삼각주 지역인 상하이, 쑤저우, 항저우, 우시 등의 도시 GDP는 모두 전국 10위 안에 들고 전국 경제 100대 현縣이 집중되어 있을 뿐만 아니라 세계 500대 기업 중 400여 개가 넘는 기업이 이곳에 진출하면서 중국 내 다국적 기업의 최대 집결지 중의 하나로 부상하고 있다. 사실 상하이는 굳이 정부가 발품 팔면서 투자유치를 하지 않아도 거물급 다국적기업이 몰려드는 양호한 투자환경을 구비한 게 사실이다.

시 정부의 든든한 지원

상하이가 중국 도시 가운데 외국기업이 가장 선호하는 중국의 투자 지역으로 손꼽히기 때문이기도 하지만, 이렇게 상하이가 지역본부 경제로 부상하고 있는 데에는 상하이 정부의 보이지 않지만 치밀하고도 꼼꼼한 준비가 한몫 했다. 2002년 7월 20일, '상하이시 다국적기업 지역본사 설립 장려의 잠정 규정'을 발표하여, 다국적기업 지역본부 설립 시 자금지원과 장기 체류 외국인에게 최대 5년 기한의 복수비자 발급 및 출입국 관리에 각종 편의를 지원하고 있다. 여기에다가 다국적 기업 R&D센터 유치를 위해 2003년 9월 '상하이시 외상투자 설립연구기구 장려 의견'을 발표하는 등 다국적기업 본부, R&D센터 유치를 위해 정부의 정책지원을 제도화하는 등 고집스럽게도 꾸준히 준비해 왔다. 그 결과 2003년까지 53곳에 불과하던 다국적 지역본부가 매년 30개사씩 늘어 2007년 기준 184개로 5년 사이에 3.5배나 증가한 것이다. 상하이가 지역본부 경제의 산실로 자리 잡기 위해 정부가 앞장서 전략을 마련하고 길을 넓게 닦아놓았다는 점은 '미래는 준비하는 자의 것'이라는 말을 진지하게 되새기게 한다.

창장 삼각주 경제통합, '나비경제' 이어질까?

몇 년 전부터 상하이를 위시로 한 창장 삼각주 경제통합에 대한 논의가 활발히 이루어 지고 있다. 창강 삼각주 경제통합이란 상하이와 장쑤성, 저장성의 15개 도시를 한데 묶어 세계 6대 메갈로폴리스(거대 도시군)로 건설한다는 것이다. 이를 위해서 행정적인 장벽을 없애고 상하이를 나비의 몸체로 하고, 장쑤성과 저장성을 나비의 양 날개로 하는 '나비경제'를 이루려는 데 박차를 가하고 있다.

국제적인 경제 중심 도시라면 보통 해당국가 GDP의 15%를 차지해야 하는데, 상하이는 2007년 기준 GDP는 아직 중국의 4.9%에 불과하여 그 격차가 매우 크다. 그런데 장쑤성, 저장성의 15개 도시를 연결하여 하나의 도시군으로 만들면, 창장 삼각주 GDP는 중국전체의 22%를 넘게 된다. 따라서 상하이가 국제적인 경제 중심으로 거듭나기 위해서는 장쑤성, 저장성과의 경제통합은 선택이 아닌 필수인 셈이다.

이뿐 아니라, 창장 삼각주 각 도시 간의 상호보완적인 관계도 크게 활용할 만하다. 장쑤성과 저장성은 상하이의 경제 파급효과가 필요하고 상하이는 3차 산업을 중심으로 한 신흥 서비스 산업을 육성하려 하고 있다. 이러한 상황에서 거대한 경제권을 형성하여, 전통제조업 위주의 1차 산업을 상하이에서 인근 위성도시로 이전시키고, 상하이는 금융, 물류, 인력자원 등 서비스업으로 발전시키는, 말 그대로 '누이 좋고 매부 좋고', '꿩 먹고 알 먹는' 셈이다. 상하이는 통합한 경제권의 노른자위가 되어, 금융, 물류, 통관 등 생산적인 서비스를 담당하게 되고, 장쑤성과 저장성은 상하이에 물류, 인재와 현금 등 3대 유동 자원을 공급하게 되는 든든한 배후지가 될 것이다.

세계 6대 메가급 도시경제권

창장 삼각주는 상하이, 장쑤성 및 저장성의 타이저우(泰州), 양저우(揚州), 전장(鎮江), 난징(南京), 난퉁(南通), 창저우(常州), 우시(無錫), 쑤저우(蘇州), 상하이(上海), 자씽(嘉興), 후저우(湖州), 항저우(杭州), 샤오싱(紹興), 타이저우(台州), 닝보(寧波), 저우산(舟山) 등 16개 도시로 구성되어 있다. 창장 삼각주 메갈로폴리스 계획은 16개 도시가 포함되지만 상하이가 주도적인 역할을 하기 때문에 상하이 메갈로폴리스라고도 불린다. 2007년 8,360억 달러 수준이었던 상하이 등 창장 삼각주 일대 16개 도시의 국내총생산(GDP) 규모는 한국(2007년 9,570억 달러)의 85%를 초과했으니, 그야말로 메가급 도시경제권을 형성한 셈이다.

사실 오래전부터 화동 지역을 세계적인 거대 도시군으로 육성한다는 계획을 추진해 왔다. 중국은 봉건시대의 제후경제의 구습이 아직 남아 있어, 지방정부의 행정권이 어디보다 강하다. 각 지역별로 이러한 행정적인 규제로 인해 경제의 생산요소가 자유롭게 이동하지 못하다보니 경영비용과 각종 생산비용이 크게 증가하는 문제가 나타나게 됐다. 예를 들면, 장쑤성에서 검역 면제 제품이 상하이에서 다시 재검역을 받아야 하고, 같은 지역에서도 도시별 행정규정에 따라 검역을 또 다시 받아야 하는 문제가 종종 발생하고 있다. 일찍이 1982년 화동 지역을 포괄하는 상하이 경제구역을 계획했었으나, 경제

권역을 점차 확대하여 창장 삼각주를 아우르게 되었다. 종합계획이라고 할 수 있는 '창장 삼각주 규획강요'는 2년여의 조정을 거쳐 2007년에 마련되었고 2008년도에는 세부적인 시행에 들어갈 것으로 전망되고 있다. 현재까지 알려진 규획안에 따르면 창장 삼각주 발전의 핵심적 위상인 상하이를 중국 내 최고의 경제 중심지역으로 부상시키고, 아시아 태평양 지역 내 중요 관문이자 세계 핵심 선진 제조 중심기지 역할, 중국 내 선도적인 메트로폴리스로 육성한다는 내용이다.

이를 구체적으로 시행하기 위해 주요 지역별 협의체가 구성되고 있으나, 협의체 자체적으로 아무런 행정적 구속력이 없다는 점, 그리고 여전히 지역 이기주의와 행정 장벽이 협력 추진에 걸림돌이 되고 있다

가속도 붙은 교통 인프라 구축

비록 경제통합을 이루는 소프트웨어의 협의체는 지연되고 있으나, 창장 삼각주를 잇는 인프라 건설은 착착 진행되고 있다. 바로 그 대표적인 예가 2008년 5월 1일 개통된 세계에서 가장 긴 해상 대교인 항저우만(杭州灣) 대교의 건설이다. '바다 위의 만리장성'으로 불리는 항저우만 대교는 바로 창장 삼각주 주요 경제도시를 하루 생활권으로 묶으며 메가급 도시경제권 탄생을 촉진시키고 있다. 상하이 인근 자싱(嘉興)에서 바다 위를 남쪽으로 가로질러 저장성 닝보항 인근의 츠시(慈溪)까지

이어지는 항저우만 대교는 길이가 무려 36km로 세계에서 가장 긴 다리다. 건설비만 118억 위안(한화 약 1조 6,700억 원)이 투입된 항저우만 대교는 왕복 6차선, 사용수명 100년으로 설계되었으며, 중국 자체 설계, 자체 투자, 자체 건설하면서 완공 전부터 세인의 큰 주목을 끌어왔다.

중국 언론은 상하이와 인근 저장성 일대의 경제 통합이 가속화되면서 뉴욕, 도쿄, 런던, 파리, 시카고 등과 함께 종합 경제력 면에서 세계 6대 도시권으로 도약하게 될 것이라고 보도했다. 대교 개통으로 그간 자동차로 4시간 걸렸던 상하이-닝보 간 주행거리가 120km 단축돼 2시간이면 주파가 가능하게 되면서, 2시간 생활권 내에 있는 지역 간 인재, 물류 등의 흐름이 훨씬 원활해 질 것으로 예상되고 있다.

항저우만 대교뿐 아니라 창장 삼각주의 교통 혁명은 곳곳에서 진행된다. 상하이시 정부는 푸둥 경제특구와 장쑤성 사이의 섬들인 창싱다오(長興島)와 충밍다오(崇明島)까지 이어지는 25.5km 구간을 2010년까지 해저 터널과 창장대교로 연결할 예정이다. 이렇게 되면 푸둥에서 장쑤성까지 25분 만에 도달이 가능해진다.

또 2010년까지 장쑤성 난징(南京)-저장성, 항저우-상하이 구간을 시속 300km 속도로 달리게 될 고속철도가 놓인다. 2020년까지는 상하이에서 반경 300km 이내에 있는 창장 삼각주 16개 주요 도시들이 고속철도로 연결되면서 상하이 반경 600km 이내의 지역까지가 '1일 생활권'으로 묶이게 된다.

그동안 주장 삼각주와 창장 삼각주의 라이벌 경쟁이 이젠 창장 삼각주 쪽으로 기울어지는 것 같다. 창장 삼각주의 가장 큰 장점은 우수한 인재, 넓은 배후시장이라는 점이다. 이에 반해 주장 삼각주는 가공무역 중심지로서 풍부하고도 저렴한 노동력을 통해 노동집약적이 산업이 큰 발전을 이루었다. 그런데 최근 몇 년간 중국 정부가 무역불균형을 해소하고 대외 무역 구조 고도화를 위해 가공무역을 제한하면서 주장 삼각주의 경쟁력이 상당 부분 타격을 받고 있다. 게다가 중국이 이제는 '세계의 공장'에서 '세계의 시장'으로 부상하면서 내수 시장으로 주목받는 상황에서 창장 삼각주는 향후 엄청난 사업 기회를 가져다 줄 것으로 전망되고 있다.

화려한 상하이 야경의 비밀

상하이의 대표 브랜드인 야경은 상하이런의 자부심이기도 하다. 특히 형형색색으로 밝힌 각종 조명 빛은 보는 이로 하여금 그 화려함에 탄성을 자아내게 한다.

한번은 우리나라 지자체에서 상하이 조명 사업에 대해 알아보기 위해 상하이 조명학회를 방문한 적이 있다. 학회 담당자의 소개에 따르면, 상하이의 경관 조명 사업은 1989년에 시작되어 20여 년간 발전을 거쳐 오늘날의 화려한 밤의 상하이를 만들게 되었다. 상하이에는 30여 개의 주요 경관 조명 지역이 형성되어 있으며 총면적이 140㎢에 달하고, 10여개 지역에 경관 조명 센터가 설치되어 있다. 상하이의 조명 사업은 정부의 정책적인 지원이 뒷받침되었으며, 각 거리별 특색을 살리면서 거기에 화려한 빛을 덧입히고 있다. 가령 와이탄의 경우 황푸장 동과 서의 조명이 완전히 다른 특색을 보인다. 동쪽의 푸둥 신구는 루자주이의 현대식 고층 빌딩에 맞게 조명을 설계했고, 이는 서쪽의 근대 건물과 현대 빌딩의 조명 빛을 통해 더욱 화려하고 대비되는 효과를 느끼도록 했다. 화이하이루는 번화한 쇼핑거리에 맞게 현대적인 화려한 조명을 거리 가로등을 따라 조성했다. 상하이 도심 경관지역은 크게 8대 경관지역으로 나뉘는데, 와이탄은 1900년대 초에 세워진 고딕, 바로크, 로마네스크, 르네상스 식 고건축물의 조명을 사용했으며, 패션의 중심지인 화이하이루는 쇼핑몰의 효과를 두드러지게 하기 위해 거리에 터널형 조명을 설치해 환한 불야성不夜城의 느낌을 준다. 전통 정원인 위위앤은 고전 건축물의 조명을 사용했으며, 쇼핑 중심지인 쉬자후이는 무대형 조명 등을 사용했다.

상하이 조명학회 담당자 설명에 따르면 조명 사업 시행시 건축 디자이너, 도시 규획 담당자, 조명 엔지니어의 전문가팀을 TFT로 구성했다고 한다. 전문가 TFT에서 나온 각종 아이디어와 조명 효과, 설계 도안이 효과적으로 실행될 수 있도록 정부 부처의 담당자가 행정적인 지원을 하도록 했다.

특히 이날 면담에 참석했던 분들은 조명학회의 원로위원들이었다. 이들은 1980년대 상하이 조명 사업에 참여했던 실무

자였고, 지금은 이미 퇴직했지만, 여전히 상하이의 화려한 밤을 만들었다는 자부심을 갖고, 아직까지도 시에 도움이 되어야 하고 인민에게 봉사해야 한다는 책임감으로 원로위원들끼리 매주 회의를 열고, 관련 건의를 한다고 한다. 조명 사업에 관한 조언을 조심스럽게 문의했을 때 전혀 머뭇거림 없이 상하이 조명 사업의 문제점과 어려운 점에 대해 소개하며 조언을 아끼지 않았다. 아울러 한국에서 이 사업을 하게 된다면, 가능한 한 시행착오를 줄이기 위해 주의해야 할 점, 그리고 조명 사업은 무엇보다도 외형이 정신을 담아낼 수 있도록 그 지역의 문화와 조명을 결합시켜 도시의 이미지를 화려한 빛으로 되살려야 한다는 말을 덧붙였다. 또한, 최근 조명 사업도 친환경, 에너지 절약, 기술 혁신을 이루기 위해 노력한다고 한다. 그 예로 상하이시는 2005년부터 LED, OLED등과 같은 친환경, 고효율 조명 시스템을 점진적으로 도입하고 있으며, 동팡밍주의 3개구의 조명을 LED 형광으로 교체하여 전력을 70% 이상 줄였고, 와이탄 거리는 친환경 조명인 HID 램프로 대체했다고 소개했다.

'내광외투'에 대한 논란

처음 상하이에 왔을 때 퇴근시간에 불을 꺼도 창문 쪽 조명은 꺼지지 않는 것을 보고 한참을 당황했던 기억이 있는데, 나중에 알고 보니 건물 내부 조명을 외부로 비춰 스카이라인을 밝혀 상하이의 밤을 더욱 화려하게 빛내기 위한 것이었다. 이것이 바로 상하이시 정부가 2001년도부터 야심을 갖고 시행한 '상업용 빌딩의 내광외투 방식(內光外透, 건물 내부에서 외부로 발광하는 방식)'이라는 조명 사업이었다. 당시 규정에 따르면, 상하이 홍차오 개발구, 화이하이루 사무용 빌딩지역, 푸둥 루자주이 금융무역지역, 쉬자휘이 상업구의 빌딩은 외벽의 조명을 밝히는 동시에, 건물 내 조명등도 밤늦게까지 켜놓도록 했다. 건물 내 조명이 유리를 통해 밖으로 흘러나오도록 하여 불빛이 전체 사무용 빌딩을 더욱 화려하게 만든다. 상하이 조명 사업이 정부의 적극적인 지원 속에 성공적으로 스카이라인을 밝게 비추고 있지만, 한편으로는 정부의 관리와 통제가 이뤄진다는 것 또한 짐작할 수 있다.

'왜 빈 건물에 불을 밝히나? 전력 낭비 아닌가?'라는 질문에 대해 상하이경제무역위원회의 한 관계자는 "내광외투의 의미는 사실 정신을 강조하기 위한 것이다. 사람이 예쁘게 단장하지 않으면, 그 사람이 원래 갖고 있던 품격이 제대로 표현되지 못하듯이, 조명 사업도 사실상 상하이의 밤을 한층 더 아름답게 하는 미용사와 같다. 개혁개방 이후의 상하이의 이미지를 더 잘 보여줄 뿐만 아니라 상하이 시민에게는 더 좋은 상하이 도시를 선물로 주는 것이다."라고 설명했다.

당시 이 사업을 시행하기 위해, 상하이시 정부는 야간조명 전기료는 반값만 받는다는 우대정책까지 내놓았다. 그 이후로 현재까지 이 조명 사업은 이어지고 있으며, 여전히 적지 않은 사람들의 비판을 받고 있다. 일부 사무용 빌딩은 전기 절약을 위해 건물 전체 불을 켜기보다는 창가 쪽 불만 켜놓고 실내 안쪽 불은 끄기도 한다.

빛으로 반짝이는 상하이의 밤은 상하이의 경제번영을 상징하고 도시 이미지를 크게 높였을 뿐만 아니라, 관광업에도 큰 도움이 되고 있다. 그러나 다른 한편으로는 엄청난 전력자원을 소비하고 있기도 하다. 특히 숨이 턱턱 막힐 정도의 사우나 더위가 찾아오는 여름, 전력난이 불거지게 되면서 야간조명이 사치라는 논란도 슬슬 고개를 내민다.

2008년 춘지에 기간 동안 상하이 시민과 여행객들은 '빛의 향연'의 야경을 감상할 수 없었다. 전력낭비를 줄이기 위해 상하이시 전체 경관조명을 모두 껐는데, 이는 상하이시가 처음으로 춘지에 기간에 조명을 모두 끈 조치였다. 시 관계자는 상하이 춘지에 기간 동안 시민과 여행객들의 야경 감상을 위해, 음력 12월 31일부터 조명을 다시 개장하려고 했으나, 폭설재해로 전력난이 심각하여 춘지에의 7일간의 조명을 4일만 개장하도록 조정했으며, 매일 5시간의 조명 개장 시간을 3시간 반으로 줄이고, 매일 밤 9시 반이면 불을 껐다. 언론 보도에 따르면 경관 조명등 폐쇄로 전력난이 해소되어 시민과 관련부처로부터 좋은 반응을 얻었다고 한다. 또한 1월 31일부터 2월 3일까지 4일간 조명을 꺼서 총 24만kw를 절약할 수 있었다고 한다. 그렇다면 상하이시 경관조명으로 인한 전력 소모량은 하루에 60,000kw에 달하는 것으로 추정할 수 있다. 2005년 상하이시 전력 소비량이 922억kw이므로 이는 시 전체 소모량의 0.6%에 맞먹는다고 볼 수 있다.

홍콩의 야경도 상하이만큼 손꼽히는데, 홍콩과 상하이의 야경은 똑같이 화려하지만, 한 가지 다른 점이 있다. 홍콩의 야경은 그해의 경기를 반영하는 척도라고 한다면, 상하이는 경기에 상관없이 항상 일정하고 통일된 야경이 연출된다는 점이다.

화려한 야경을 만들기 위해 비어 있는 사무용 빌딩에 의무적으로 불을 켜놓는 것은 어쩌면 상하이의 경제가 아직은 통제되고 있다는 것을 보여주는 것이다. 하루하루가 다르게 급변하고 있는 상하이에 곧 머지않아 '관리되는' 야경 조명의 빛이 아니라, 그곳의 경기를 그대로 보여주는 '솔직한' 야경 조명 빛이 자연스럽게 밝혀질 때가 오리라 기대해본다.

상하이와 호흡하는 한국인 그리고 그 울림

상하이 동쪽과 서쪽에는 우리 민족혼이 살아 숨 쉬는 두 개의 성지가 있다. 하나는 푸시에 있는 '독립운동의 성지'인 임시정부 청사와 윤봉길 의사의 의거 현장인 루쉰 공원 그리고 나머지 하나는 푸둥에 있는 김대건 신부가 사제 서품을 받은 진자샹 성당이다. 조국을 위해 그리고 신앙을 위해 척박한 타지에서 목숨을 바쳐 살아갔던 이들은, 오늘을 살아가는 우리들에게 맡겨진 생명을 온전히 살아내야 한다는 삶의 메시지를 던져준다.

윤봉길 의사의 외침

"사나이 뜻을 세워 집을 나가면 공을 이루지 않고서는 살아서 돌아오지 않으리(丈夫出家生不還)."

루쉰 공원(구 홍커우 공원)에 있는 윤봉길 의사(1908~1932) 기념관 '매정梅亭' 2층 목각현판에 쓰여 있는 이 글에서 그의 애국에 대한 충정과 결의가 느껴진다. 윤 의사는 1932년 4월 29일 일왕의 생일을 맞아 열린 일본군의 상하이 점령 경축식장에 폭탄을 투척, 일본의 수뇌부를 폭사시켰다. 의거 직후 현장에서 체포된 윤 의사는 가혹한 고문과 취조를 받았고, 그 해 12월 19일 오전 7시 40분 교외의 형 집행장에서 26발의 탄환을 맞고 순국했다. 당시 그의 나이 스물다섯이었다.

사람은 왜 사느냐.
理想을 이루기 爲하여 산다.
보라 풀은 꽃을 피우고 나무는 열매를 맺는다.
나도 理想의 꽃을 피우고 열매 맺기를 다짐하였다.
우리 靑年時代에는 父母의 사랑보다 兄弟의 사랑보다 妻子의 사랑보다도 더 한층 剛毅한 사랑이 있는 것을 깨달았다.
나라와 겨레에 바치는 뜨거운 사랑이다.
나의 雨露와 나의 江山과 나의 父母를 버리고라도

그 剛毅한 사랑을 따르기로 決心하여 이 길을 擇하였다.

'윤봉길 의사의 서한' 중에서

'사람은 왜 사는가?'에 대한 윤 의사의 처절한 고민은 이 곳 기념관을 찾는 이들에게 삶에 대한 숙연함을 느끼게 한다.

상하이 대한민국 임시정부의 발자취

상하이는 우리나라 독립투사들이 일본 제국주의에 대항하던 활동 무대로, 지리적으로도 가깝고 교통이 편리했을 뿐만 아니라, 쑨원이 이끄는 광둥정부의 지원도 받을 수 있는 곳이었다. 또 영국, 프랑스, 독일, 미국 등의 조계지가 있어서 일본의 영향력에서 벗어날 수 있는 최적의 조건을 갖추고 있었으며, 각종 진보 사상을 접할 수 있는 문화의 중심지였다.

3·1 운동 이후 점차 심해지는 일제의 탄압을 피해 1919년 4월 11일 임시 의정원을 구성하고 각 도 대의원 30명이 모여서 임시헌장 10개조를 채택하였으며, 4월 13일 한성 임시정부와 통합하여 대한민국 임시정부를 수립, 선포한다. 그리고 1932년 5월 항저우로 이전하기 전까지 무려 13년 동안 상하이 이곳저곳을 옮겨 다니며 독립운동을 펼쳤다.

임시정부는 프랑스 조계지였던 시내 중심가인 마당루(馬當路)에 위치하고 있으며, 상하이 전통 주거양식인 농탕에 지어졌다. 이곳은 상하이에 있던 여러 임시정부 청사 가운데 하나로, 1926년에 이곳으로 옮겨와 1932년 상하이를 떠나기 전까지 사용하던 곳으로 가장 오랜 기간 이곳에서 활동했다.

임시정부 청사에는 당시 사용되었던 집기물과 가구들이 그대로 전시되어 있으며, 임시정부 요원들의 집무 모습이 그대로 재현되어 있다.

진자샹(金家巷) 성당과 김대건 신부

상하이 진자샹 성당은 17세기 명나라 숙종 때 중국 화동 지역에 세워진 최초의 성당이다. 1845년 8월 17일 김대건 신부는 이곳에서 한국인으로서 처음으로 조선 교구장 페레올 주교로부터 사제 서품을 받는다. 얼마 후 김대건 신부는 귀국해 활발한 선교활동을 벌이다가 체포되어 1849년 9월 새남터 절두산의 이슬로 화한다. 순교 당시 만 25세였다. 이곳 진자샹 성당도 중국의 개혁개방 바람 속에 재개발되면서, 2001년 3월 25일 미사를 마지막으로 하고, 2004년 6월 이곳에서 조금 떨어진 곳에 복원됐다. 성당 내에는 김대건 신부 유골이 모셔져 있어, 한중수교 이래로 한국인의 성지순례가 이어지고 있다.

중국으로 몰려들었던 한국기업 그 후

중국이 대한민국의 최대 수출국이자 최대 수입국 그리고 최대 투자 대상국이 되면서 한국과 중국은 경제, 문화, 사회 모든 분야에서 떼려야 뗄 수 없는 나라가 되었다. 2007년 한중 교역액은 1,450억 달러로, 대중국 수출액은 819억 달러를 넘어섰으며, 중국이 우리나라 전체 수출에서 차지하는 비중은 22%를 넘었다.

수출과 함께 대중 투자도 꾸준히 늘어났다. 2007년 누계 기준으로 중국 진출 우리 기업 투자 건수는 18,000여 건(수출입은행 통계 기준)으로 우리나라 해외 투자의 절반 가까운 비중을 차지하고 있다. 다시 말하면 해외 진출 우리 기업 가운데 두 곳 중 한 곳은 중국에 진출해 있다는 뜻이다. 또한 상하이를 비롯한 창장 삼각주에 투자한 건수는 3,300여 건으로 전체의 약 5분의 1을 차지하고 있다. 우리 기업의 대중 투자는 중소기업이 절반 이상이고, 총 투자 건수의 4분의 3이 제조업에 집중되어 있으며, 도소매 등 서비스업 분야의 진출은 아직 미미한 편이다.

그런데 몇 년 전부터 중국의 경영 환경이 급변하면서, 진출한 우리 기업들의 애로사항이 이만저만이 아니다. 매년 20% 이상씩 오르는 인건비, 엄격해진 노동정책, 중국과 외국기업의 기업소득세 통일, 환경 규제, 가공무역 금지 등 처음 진출했을 때와는 하늘과 땅 차이다. 지난해 말부터 우리 기업의 최대 진출 지역인 산둥성 칭다오에 있는 한국기업들의 불법 철수 소식이 보도되었고, 가공무역이 집중해 있는 광둥 지역의 홍콩 기업과 대만 기업의 도산 소식이 연이어 들려왔다. 이제 중국은 차이나 리스크가 도사리는 위협의 땅으로 비춰지기 시작했다.

새로운 정책과 법규를 쏟아내고 있는 중국 정부, '고객'이 누리는 서비스에 눈 뜬 꼼꼼한 중국 소비자, 가격·품질·브랜드만으로는 승부하기가 어려워진 중국 시장, 월급보다 자아 발전과 성취감을 위해 직장을 옮기는 중국 근로자들, 기업의 사회적 책임에 눈을 뜨고 있는 중국기업들…….

중국 진출 우리 기업들도 변화의 바람에 그저 어안이 벙벙하다. 그리고 여기저기서 변화에 대해서 그리고 변화의 속도에 대해서 무수한 담론이 이어지고 있다. 그러나 왜 중국이 변화하는지, 어떻게 변화하는지를 읽을 수 있는 혜안과 생산적인 논의는 숨은 그림 찾기처럼 어렵기만 하다.

새 길을 찾아 나섰던 루쉰과 덩샤오핑의 울림

어느 때보다도 힘든 중국의 경영 환경 속에서 새 길을 찾고 있는 우리 기업들과, 중국 개혁개방의 조타수이자 푸둥 개발 설계자 덩샤오핑 그리고 중국 문학가이자 혁명가 루쉰이 했던 말이 오버랩 되어 떠오른다.

푸둥 신구를 본격 개발할 때, 덩샤오핑은 이렇게 말했다.

> "무슨 일이든 먼저 해봐야 그때 새 길이 나오는 법이다. 한번 시도해보면 실패를 대비할 수 있다. 실패를 두려워하지 마라."

루쉰은 그의 책 『고향』에서 희망에 대해 이렇게 정의했다.

> "희망이란 본래 있다고도 할 수 없고 없다고도 할 수 없다. 그것은 마치 땅위의 길과 같은 것이다. 본래 땅 위에는 길이 없었다. 걸어가는 사람이 많아지면 그것이 곧 길이 되는 것이다."

1930년대 풍전등화와 같이 앞날이 불투명했던 근대 혁명시기에 그리고 1990년대 초 천안문 사태 이후 개혁개방에 대해 수많은 회의와 공격이 들어올 때, 루쉰과 덩샤오핑이 처한 시기와 바라보는 눈은 달랐을지라도 이들은 같은 이야기를 한다. 아무도 걸어가지 않았던 그 길을 걸어갈 때 두려움과 막연함이 있다고. 그러나 새로운 길 그리고 그 위의 희망은 바로 여기에서 시작된다고.

중국이 변화의 방향키를 쥐고 앞서가고 있는 상황에서 낯설과 두려움이 커질 수밖에 없다. 그러나 이젠 막연한 두려움과 불안을 뒤로 하고, 변화의 갈림길에서 피할 수 없는 선택을 해야 한다. 저임 노동력의 '익숙한 중국'과는 결별하고, 새로운 시장으로 부상하고 있는 '또 다른 중국'과 마주해야 한다. 비록 그곳으로 향하는 길은 아직 말끔하게 닦여있지도 않고 그 길을 걸어가는 사람도 많지 않더라도, 새 길을 만들어 가려는 용기와 결단 그리고 그 길을 끝까지 걸어갈 수 있는 체력이야말로 지금 우리에게 필요한 것이 아닐까?

참고문헌

穆時英,『上海的狐步舞』, 經濟日報出版社, 2002.

楊東平, 『城市季風-北京和上海的文化精神』, 新星出版社, 2006.

李歐梵, 『上海摩登(一種新都市文化在中國1930-1945)』, 北京大學出版社, 2001.

易中天,『讀城記』, 上海文藝出版社, 1997.

易中天,『閑話中國人』, 華齡出版社, 1996.

陳子善,『夜上海』, 經濟日報出版社, 2003.

상하이

펴낸날 초판 1쇄 2007년 7월 20일
초판 4쇄 2018년 4월 13일

지은이 김윤희
펴낸이 심만수
펴낸곳 (주)살림출판사
출판등록 1989년 11월 1일 제9-210호

주소 경기도 파주시 광인사길 30
전화 031-955-1350 팩스 031-624-1356
홈페이지 http://www.sallimbooks.com
이메일 book@sallimbooks.com

ISBN 978-89-522-0951-1 04080
978-89-522-0096-9 04080(세트)

※ 값은 뒤표지에 있습니다.

089 커피 이야기

eBook

김성윤(조선일보 기자)

커피는 일상을 영위하는 데 꼭 필요한 현대인의 생필품이 되어 버렸다. 중독성 있는 향, 마실수록 감미로운 쓴맛, 각성효과, 마음의 평화까지 제공하는 커피. 이 책에서 저자는 커피의 발견에 얽힌 이야기를 통해 그 기원을 설명한다. 커피의 문화사뿐만 아니라 커피에 대한 일반적인 정보 및 오해에 대해서도 쉽고 재미있게 소개한다.

021 색채의 상징, 색채의 심리

박영수(테마역사문화연구원 원장)

색채의 상징을 과학적으로 설명한 책. 색채의 이면에 숨어 있는 과학적 원리를 깨우쳐 주고 색채가 인간의 심리에 어떤 작용을 하는지를 여러 가지 분야의 사례를 통해 설명한다. 저자는 색에는 나름대로의 독특한 상징이 숨어 있으며, 성격에 따라 선호하는 색채도 다르다고 말한다.

001 미국의 좌파와 우파

eBook

이주영(건국대 사학과 명예교수)

진보와 보수 세력의 변천사를 통해 미국의 정치와 사회 그리고 문화가 어떻게 형성되고 변해왔는지를 추적한 책. 건국 초기의 자유방임주의가 경제위기의 상황에서 진보-좌파 세력의 득세로 이어진 과정, 민주당과 공화당의 대립과 갈등, '제2의 미국혁명'으로 일컬어지는 극우파의 성장 배경 등이 자연스럽게 서술된다.

002 미국의 정체성 10가지 코드로 미국을 말하다

eBook

김형인(한국외대 연구교수)

개인주의, 자유의 예찬, 평등주의, 법치주의, 다문화주의, 청교도 정신, 개척 정신, 실용주의, 과학 · 기술에 대한 신뢰, 미래지향성과 직설적 표현 등 10가지 코드를 통해 미국인의 정체성과 신념을 추적한 책. 미국인의 가치관과 정신이 어떠한 과정을 통해서 형성되고 변천되어 왔는지를 보여 준다.

058 중국의 문화코드

강진석(한국외대 연구교수)

중국의 핵심적인 문화코드를 통해 중국인의 과거와 현재, 문명의 형성 배경과 다양한 문화 양상을 조명한 책. 이 책은 중국인의 대표적인 기질이 어떠한 역사적 맥락에서 형성되었는지 주목한다. 또한, 구체적이고 실제적인 여러 사물과 사례를 중심으로 중국인의 사유방식에 대해 설명해 주고 있다.

057 중국의 정체성

eBook

강준영(한국외대 중국어과 교수)

중국, 중국인을 우리는 과연 어떻게 이해해야 하나? 우리 겨레의 역사와 직 · 간접적으로 끊임없이 영향을 주고받은 중국, 그러면서도 아직까지 그들의 속내를 자신 있게 말할 수 없는, 한편으로는 신비스럽고, 한편으로는 종잡을 수 없는 중국인에 대한 정체성을 명쾌하게 정리한 책.

015 오리엔탈리즘의 역사

eBook

정진농(부산대 영문과 교수)

동양인에 대한 서양인의 오만한 사고와 의식에 준엄한 항의를 했던 에드워드 사이드의 오리엔탈리즘. 이 책은 에드워드 사이드의 이론 해설에 머무르지 않고 진정한 오리엔탈리즘의 출발점과 그 과정, 그리고 현재와 미래의 조망까지 아우른다. 또한 오리엔탈리즘이 사이드가 발굴해 낸 새로운 개념이 결코 아님을 역설한다.

186 일본의 정체성

eBook

김필동(세명대 일어일문학과 교수)

일본인의 의식세계와 오늘의 일본을 만든 정신과 문화 등을 소개한 책. 일본인을 지배하는 이데올로기는 무엇이고 어떤 특징을 가지는지, 일본을 주목해야 하는 이유는 무엇인지 등이 서술된다. 일본인 행동양식의 특징과 토착적인 사상, 일본사회의 문화적 전통의 실체에 대한 분석을 통해 일본의 정체성을 체계적으로 살펴보고 있다.

261 노블레스 오블리주 세상을 비추는 기부의 역사

예종석(한양대 경영학과 교수)

프랑스어로 '높은 사회적 신분에 상응하는 도덕적 의무'를 뜻하는 노블레스 오블리주. 고대 그리스부터 현대까지 이어지고 있는 노블레스 오블리주의 역사 및 미국과 우리나라의 기부 문화를 살펴보고, 새로운 시대정신으로 노블레스 오블리주를 부활시킬 수 있는 가능성을 모색해 본다.

396 치명적인 금융위기, 왜 유독 대한민국인가 eBook

오형규(한국경제신문 논설위원)

이 책은 전 세계적인 금융 리스크의 증가 현상을 살펴보는 동시에 유달리 위기에 취약한 대한민국 경제의 문제를 진단한다. 금융안정망 구축 방안과 같은 실용적인 경제정책에서부터 개개인이 기억해야 할 대비법까지 제시해 주는 이 책을 통해 현대사회의 뉴노멀이 되어 버린 금융위기에서 살아남는 방법을 확인해 보자.

400 불안사회 대한민국, 복지가 해답인가 eBook

신광영 (중앙대 사회학과 교수)

대한민국 사회의 미래를 위해서 복지는 선택이 아니라 필수라고 말하는 책. 이를 위해 경제 위기, 사회해체, 저출산 고령화, 공동체 붕괴 등 불안사회 대한민국이 안고 있는 수많은 리스크를 진단한다. 저자는 사회적 위험에 대응하기 위한 복지 제도야말로 국민 모두의 삶의 질을 높일 수 있는 길이라는 것을 역설한다.

380 기후변화 이야기 eBook

이유진(녹색연합 기후에너지 정책위원)

이 책은 기후변화라는 위기의 시대를 살면서 우리가 알아야 할 기본지식을 소개한다. 저자는 기후변화와 관련된 핵심 쟁점들을 모두 정리하는 동시에 우리가 행동해야 할 실천적인 대안을 제시한다. 이를 통해 독자들은 기후변화 시대를 사는 우리가 무엇을 해야 할 것인지에 대하여 생각해 볼 수 있을 것이다.

eBook 표시가 되어있는 도서는 전자책으로 구매가 가능합니다.

001 미국의 좌파와 우파 | 이주영
002 미국의 정체성 | 김형인 eBook
003 마이너리티 역사 | 손영호
004 두 얼굴을 가진 하나님 | 김형인
005 MD | 정욱식 eBook
006 반미 | 김진웅
007 영화로 보는 미국 | 김성곤 eBook
008 미국 뒤집어보기 | 장석정
009 미국 문화지도 | 장석정
010 미국 메모랜덤 | 최성일
015 오리엔탈리즘의 역사 | 정진농 eBook
021 색채의 상징, 색채의 심리 | 박영수
028 조폭의 계보 | 방성수
037 마피아의 계보 | 안혁
039 유대인 | 정성호 eBook
048 르 몽드 | 최연구 eBook
057 중국의 정체성 | 강준영 eBook
058 중국의 문화코드 | 강진석
060 화교 | 정성호 eBook
061 중국인의 금기 | 장범성
077 21세기 한국의 문화혁명 | 이정덕 eBook
078 사건으로 보는 한국의 정치변동 | 양길현 eBook
079 미국을 만든 사상들 | 정경희 eBook
080 한반도 시나리오 | 정욱식 eBook
081 미국인의 발견 | 우수근
083 법으로 보는 미국 | 채동배
084 미국 여성사 | 이창신 eBook
089 커피 이야기 | 김성윤 eBook
090 축구의 문화사 | 이은호
098 프랑스 문화와 상상력 | 박기현 eBook
119 올림픽의 숨은 이야기 | 장원재
136 학계의 금기를 찾아서 | 강성민 eBook
137 미 · 중 · 일 새로운 패권전략 | 우수근
142 크리스마스 | 이영제
160 지중해학 | 박상진
161 동북아시아 비핵지대 | 이삼성 외
186 일본의 정체성 | 김필동 eBook
190 한국과 일본 | 하우봉 eBook
217 문화콘텐츠란 무엇인가 | 최연구 eBook
222 자살 | 이진홍 eBook
223 성, 억압과 진보의 역사 | 윤가현 eBook
224 아파트의 문화사 | 박철수 eBook
227 한국 축구 발전사 | 김성원 eBook
228 월드컵의 위대한 전설들 | 서준형
229 월드컵의 강국들 | 심재희
231 일본의 이중권력, 쇼군과 천황 | 다카시로 고이치
235 20대의 정체성 | 정성호 eBook
236 중년의 사회학 | 정성호 eBook
237 인권 | 차병직 eBook
238 헌법재판 이야기 | 오호택 eBook
248 탈식민주의에 대한 성찰 | 박종성 eBook
261 노블레스 오블리주 | 예종석
262 미국인의 탄생 | 김진웅
279 한국인의 관계심리학 | 권수영
282 사르트르와 보부아르의 계약결혼 | 변광배
284 동유럽의 민족 분쟁 | 김철민
288 한미 FTA 후 직업의 미래 | 김준성 eBook
299 이케다 하야토 | 권혁기 eBook
300 박정희 | 김성진 eBook
301 리콴유 | 김성진 eBook
302 덩샤오핑 | 박형기 eBook
303 마거릿 대처 | 박동운 eBook
304 로널드 레이건 | 김형곤 eBook
305 셰이크 모하메드 | 최진영
306 유엔사무총장 | 김정태 eBook
312 글로벌 리더 | 백형찬
320 대통령의 탄생 | 조지형
321 대통령의 퇴임 이후 | 김형곤
322 미국의 대통령 선거 | 윤용희
323 프랑스 대통령 이야기 | 최연구
328 베이징 | 조창완
329 상하이 | 김윤희
330 홍콩 | 유영하
331 중화경제의 리더들 | 박형기
332 중국의 엘리트 | 주장환
333 중국의 소수민족 | 정재남
334 중국을 이해하는 9가지 관점 | 우수근
344 보수와 진보의 정신분석 | 김용신
345 저작권 | 김기태
357 미국의 총기 문화 | 손영호
358 표트르 대제 | 박지배
359 조지 워싱턴 | 김형곤
360 나폴레옹 | 서정복
361 비스마르크 | 김장수
362 모택동 | 김승일
363 러시아의 정체성 | 기연수
364 너는 시방 위험한 로봇이다 | 오은
365 발레리나를 꿈꾼 로봇 | 김선혁
366 로봇 선생님 가라사대 | 안동근
367 로봇 디자인의 숨겨진 규칙 | 구신애
368 로봇을 향한 열정, 일본 애니메이션 | 안병욱
378 데킬라 이야기 | 최명호 eBook
380 기후변화 이야기 | 이유진 eBook
385 이슬람 율법 | 공일주 eBook
390 법원 이야기 | 오호택 eBook
391 명예훼손이란 무엇인가 | 안상운
392 사법권의 독립 | 조지형
393 피해자학 강의 | 장규원 eBook
394 정보공개란 무엇인가 | 안상운 eBook
396 치명적인 금융위기, 왜 유독 대한민국인가 | 오형규 eBook
397 지방자치단체, 돈이 새고 있다 | 최인욱 eBook
398 스마트 위험사회가 온다 | 민경식 eBook
399 한반도 대재난, 대책은 있는가 | 이정직 eBook
400 불안사회 대한민국, 복지가 해답인가 | 신광영 eBook
401 21세기 대한민국 대외전략: 낭만적 평화란 없다 | 김기수 eBook
402 보이지 않는 위협, 종북주의 | 류현수 eBook
403 우리 헌법 이야기 | 오호택 eBook
405 문화생활과 문화주택 | 김용범 eBook
406 미래 주거의 대안 | 김세용 · 이재준 eBook
407 개방과 폐쇄의 딜레마, 북한의 이중적 경제 | 남성욱 · 정유석 eBook
408 연극과 영화를 통해 본 북한사회 | 민병욱 eBook
409 먹기 위한 개방, 살기 위한 핵외교 | 김계동 eBook
410 북한 정권 붕괴 가능성과 대비 | 전경주 eBook
411 북한을 움직이는 힘, 군부의 패권경쟁 | 이영훈 eBook
412 인민의 천국에서 벌어지는 인권유린 | 허만호 eBook
428 역사로 본 중국음식 | 신계숙 eBook
429 일본요리의 역사 | 박병학 eBook
430 한국의 음식문화 | 도현신 eBook
431 프랑스 음식문화 | 민혜련 eBook
438 개헌 이야기 | 오호택
443 국제 난민 이야기 | 김철민
447 브랜드를 알면 자동차가 보인다 | 김흥식 eBook
473 NLL을 말하다 | 이상철 eBook

㈜살림출판사
www.sallimbooks.com
주소 경기도 파주시 문발동 522-1 | 전화 031-955-1350 | 팩스 031-955-1355